CHEF

맛의 세계에서 매일을 보내는 사람

JOBS
CHEF

셰프: 맛의 세계에서
매일을 보내는 사람

REFERENCE by B

≪셰프: 맛의 세계에서 매일을 보내는 사람≫을 펴내며

I 늘 처음보다 두 번째가 더 어렵다고 합니다.
첫 번째가 새로운 시도만으로 누군가의 눈길을 끈다면,
두 번째부터는 축배의 여운을 뒤로 하고 냉엄한 평가대
위에 오르죠. 물론 첫발을 제대로 떼지 않으면 두 번째
기회도 잡기 어렵습니다. 다행스럽게도 잡스 시리즈의
시작, «에디터: 좋아하는 것으로부터 좋은 것을 골라내는
사람»은 독자들께 좋은 반응을 얻었고, 두 번째 편을
기분 좋게 준비할 수 있었습니다. 에디터 편이 매거진
«B»를 만드는 편집자로서 자전적 이야기였다면,
두 번째 편부터는 바깥 세계로 눈을 돌려 에디터 자격으로
만나왔던 수많은 직업인에 대해 이야기할 것입니다.
그 첫 번째 대상은 셰프입니다.

에디터의 바통을 이어갈 직업으로 셰프를 소개하는 것에
대해 팀 내에서 조금의 이견도 없었고, 아마 그 마음은
독자 여러분도 같으리라 생각합니다. 잡지뿐 아니라
많은 미디어들이 셰프를 창의적인 크리에이터로서
조명하고 있고, 실제 요리로 커리어를 시작한 사람은
물론 여러 분야의 사람들이 에이프런을 두르고 식당
주방으로 향합니다. 덕분에 외식업의 지형도가 이토록
다채로운 적이 있었던가 싶을 정도로 국내외를 막론하고
셰프의 재능은 여기저기서 활짝 피어나고 있습니다.
'셰프테이너'와 '쿡방' 등의 트렌드 역시 테크니션으로

한정되던 셰프의 영역이 넓어졌다는 반증입니다. 셰프의
영역이 넓어지면 그들의 목소리가 사회 여러 방면에서
영향력을 갖게 되고, 그 영향력은 다시 여러 재능 있는
사람을 '요리의 땅'으로 불러 모으겠죠. 바로 지금이 그
선순환에 대해 논할 가장 적당한 때가 아닌가 싶습니다.
매거진 «B»의 조수용 발행인 역시 '잡스'와의 인터뷰에서
지금 우리가 셰프를 주목해야 하는 이유를 말하고
있습니다.

《잡스-에디터》 편을 펴내고 앞으로 이 시리즈를 채워나갈 직업군에 대해 논의하면서 셰프를 언급한 적이 있어요. 셰프로 성공한 사람은 어떤 직업을 선택해도 성공할 거라는 이야기도 덧붙였던 걸로 기억합니다.

전체 과정을 들여다보면 요리는 생각보다 논리적이에요. 동시에 과학적이기도 하죠. 그런데 그 과정의 끝인 플레이트에는 모든 것이 다 녹아들어 감성만 남아요. 사람이 맛을 느끼는 원리가 굉장히 복잡하다고는 하지만 결과적으로는 정서적 작용에 가깝거든요. 과정은 논리적이지만 최종 결과물은 감정으로 배달된다고도 할 수 있죠. 그렇기 때문에 셰프는 감성과 이성이 완벽히 조화를 이룬 사람이 유리합니다. 어느 한쪽으로 치우치면 많이 힘들어하는 반면에 둘 모두를 겸비하면 무한대의 창의력이 나오거든요. 한마디로 요약하면 똑똑한데 감각도 좋은? (웃음) 이런 사람들은 사실 뭘 해도 잘할 수 밖에 없잖아요. 그런 의미에서 셰프가 상징적인 직업이라고 봤어요.

셰프라는 직업의 위상이 최근 10년간 드라마틱하게 바뀐 부분이 있다고 생각합니다. 장막 뒤의 사람으로 여겨지던 때도 있었는데, 이제는 크리에이티브의 상징처럼 이야기되곤 해요. 왜 이런 변화가 생겨났을까요?

사실 주방 현장에 가보면 음식을 만드는 일이란 창의적 활동이라기보다 노동에 가까워요. 전 세계에서 손꼽힐 만한 창의적 레스토랑이라도 주방에서는 수개월 동안 같은 요리를 수백수천 그릇째 만드는 거니까요. 메뉴를 개발하는 과정을 제외하면 굉장히 노동 집약적인 일인 셈이죠. 그런데 흥미로운 건 지금 이 시대 사람들은 예전과 달리 노동의 가치라는 걸 들여다보려하고 그 과정에 참여하고자 한다는 점이에요. 성역처럼 여겨진 주방이 오픈 주방으로 바뀐 것과도 연결되는 얘기죠. 요리라는 결과물뿐 아니라 요리가 어떤 과정을 거쳐서 나오는지 사람들이 관심을 가지는 순간 노동이 퍼포먼스로 바뀌고, 그렇게 되면 음식을 만드는 사람이 보이게 되죠. 그렇게 요리가 미각 경험 이상으로 진화하면서 셰프를 조명하는 프레임이 창의성으로 바뀌었다고 봅니다.

이번 책에서 인터뷰를 나눈 셰프들 역시 루틴을 지키는 일의 중요성을 강조했는데, 저 또한 그 부분이 인상적이었습니다. 매일이 마치 하나의 프로젝트처럼 완결된다는 점에서요.

동떨어진 얘기로 여길 수도 있지만 저는 반복되는 노동에 고결함 같은 게 있다고 보거든요. 자신을 반복되는 패턴 속에 놓으면, 정신과 몸이 완전히 분리되는 체험을 할 수

있어요. 요즘 제가 명상이나 자기객관화에 많은 관심을
두고 있어서인지도 모르겠는데요, 디자인 실무자로
일하던 시절 작업에 필요한 단축키를 외워서 며칠째 반복
작업을 할 때 어느새 지루함을 넘어 영혼이 맑아지는
느낌을 받았던 기억도 납니다. (웃음) 아무튼 저는 셰프의
반복 노동이 아주 의미 있다고 생각해요. 그 과정이 있기
때문에 비로소 크리에이티브한 일이 될 수 있는 것이기도
하고요. 독창적인 레시피를 만드는 게 창의적인 작업이
아니라, 매일 반복하는 일을 더 체계화하려 노력하고
그 안에서 생기는 미세한 변수를 제어하려 힘쓰는 것이
크리에이티브의 본질이라고 해도 과언이 아닙니다.
레시피를 만드는 것과 달리, 이 과정은 직접 겪어본
사람이 아니면 알 수가 없는 거죠.

언급한 것처럼 어찌보면 셰프의 역할은 상당 부분 통제와 제어로
설명할 수 있겠다는 생각이 듭니다.

프로세스를 통제하는 일의 궁극인 거죠. 식재료 수급부터
시작해서 음식물 쓰레기가 나가는 마지막 절차까지를
컨트롤하는 일이고, 좋은 셰프일수록 그 통제의 범위가
더 넓다고 생각해요. 능숙하지 못한 셰프가 오로지 음식을
만드는 일에만 개입한다면, 정말 유능한 셰프는 재료
선정에 관여하는 것은 당연하고, 어떤 단계의 재료를

수급할 것인지, 예를 들면 생닭을 잡아서 쓸 것인지 특정 부위만 분리해 가공된 것을 받을 것인지까지 세부적으로 개입하죠. 거기에 더해 재료 수급 방식이 음식물 쓰레기 양에 얼마 만큼 영향을 미쳤는지까지 중요하게 추적하고요. 요즘 '팜 투 테이블(farm-to-table)' 스타일이 외식업계에 트렌드처럼 번졌는데, 사실은 이 개념 역시 음식을 만드는 셰프가 씨 뿌리는 단계부터 관여하고자 하는 마음에서 비롯된 거라고 볼 수 있습니다.

경제성에 대한 얘기이기도 한 거네요?

그렇습니다. 거기에 더해 셰프가 부릴 수 있는 테크닉이 전체의 일부라는 걸 인정하는 것으로 볼 수도 있어요. 풀어 말하면, 아주 잘 자란 채소의 맛을 과연 자신의 조리법만으로 구현할 수 있는지 질문을 던지고, 스스로 한계를 인정하는 동시에 자기 역할을 확장한 것이죠.

Ⅱ   "감성과 이성이 완벽히 조화를 이룬 사람." 이상적 셰프에 대한 조수용 발행인의 정의는 셰프라는 직업이 '공존'이라는 단어로 요약될 수 있음을 말합니다. 마치 전쟁 상황을 방불케하는 주방에서 최고의 요리와 극진한 서비스를 대접하는 홀을 오가는 일, 불과 물을 동시에 다루고, 자연 그대로의 성질을 살리면서 죽이기도 하는 작업까지. 셰프의 일이란 수렴과 발산을 반복합니다. 흥미로운 것은 반대 성질의 작업을 오가며 꾸준히 반복하는 일이야말로 어떤 세계를 창조하고 확장하는 열쇠가 된다는 점인데요, 우리가 인터뷰한 여섯 명의 셰프들은 모두 자신만의 방식으로 요리라는 기본 영역에서 한 발짝 더 나아간 사람들입니다. 셰프이면서 커뮤니티 디자이너이고 셰프이면서 환경운동가며, 셰프이면서 사업가들이죠. 그중 몇몇은 요리사로 커리어를 시작하지도 않았고, 심지어 요리와 동떨어진 분야에 종사하던 경우도 있습니다. 이처럼 각자의 면면은 다르지만 기존의 틀을 깨고 새로운 음식의 문법을 만드는 도전 의식만큼은 모두에게서 동일하게 발견됩니다. 이 도전 의식은 매일 매 식사마다 식재료, 도구들과 씨름하며 실패를 빠르게 인정하고 재정비하는 행위에서 비롯된 것입니다. 더불어 우리가 파인 다이닝 레스토랑이나 작은 동네 식당에서 경험하는 수많은 요리들이 모두 일련의 과정 속에서 탄생했음을 되새겨 봅니다.

'잡스'의 첫 직업으로 에디터를 다뤘고 앞으로 꽤 많은 직업을
다루게 될 텐데요. 그 어떤 직업보다 셰프의 일을 매력적으로
바라보는 사람이 많다고 느낍니다. 에디터나 디자이너였던
사람이 셰프를 꿈꾸거나 셰프가 되는 경우는 많지만, 그 반대
경우는 그리 많지 않으니까요.

인간은 생존을 위해 매일 먹고 마십니다. 셰프라는
직업이 매력적인 건 이처럼 직업과 삶이 밀착해
있어서가 아닐까 싶어요. 요리를 잘하는 사람은 어디를
가나 환영받죠. 또 음식에 조금만 관심이 있으면 누구나
쉽게 접근할 수 있는 일이기도 해요. 어떻게 보면
식문화의 양상이 다양해진 요즘 시대에 셰프라는 단어의
정의를 내리는 일이 쉽지는 않은 것 같습니다. 어느
식당에서 셰프라는 직책을 가지고 있어야만 셰프인
건가? 그렇지 않으면 셰프라고 부를 수 없는 건가?
하지만 직업인으로서 셰프가 단순히 요리를 즐기고 잘하는
사람과 다르게 조명되어야 하는 건 확실해요. 그 둘이
완전히 다른 차원의 얘기라는 걸 사람들이 간과하는
부분도 있습니다.

셰프라는 직업의 정의와 범위를 규정하는 데 엄격한 편인가요?

음식을 통해 접객을 하고, 주방 경영을 실제로 책임져본

사람. 그들을 셰프라고 부르는 게 보편타당한 것 같고요. 그렇지 않다면 요리사나 요리연구가 같은 명칭으로 부를 수 있겠죠.

외식업 브랜드를 개발하고 운영한 경험이 있는 사람으로서 그 누구보다 셰프들 가까이서 소통했을 텐데요. 셰프에게 가장 필요한 자질이 무엇인지 생각을 많이 했을 것 같습니다.

반복되는 루틴을 받아들이고 그 루틴 자체를 계기로 삼을 수 있는 인내심과 끈기가 가장 중요하다고 보고요. 그다음은 전체를 볼 수 있는 시야인 것 같아요. 셰프의 필드는 기본적으로 주방을 넘어서 사업장까지로 봐야 하거든요. 사업장의 관점에서 보면 전체를 구성하는 요인이 너무나 많죠. 메뉴의 가격부터 테이블의 크기나 식기의 종류, 서빙이나 예약의 방식까지. 주방에만 시선을 두지 않고 그 많은 요인을 이해하려고 애써야 좋은 셰프라고 할 수 있는 게 아닌가 싶어요. 실제로 우리가 좋은 셰프라고 평가하는 사람들 대부분이 전체를 보는 시야를 가지고 있고요.

말씀하신 자질을 가진 사람을 알아보는 것 또한 중요합니다. 셰프라는 영역을 떠나 직업인으로서 어떤 사람이 좋은 자질을 지녔는지 알아보는 노하우가 있나요?

개인적으로는 다른 사람과 같이 부딪히면서 사는 삶, 즉 회사나 어떤 그룹 내에서 공동체 생활을 하는 시간을 스스로 어떻게 바라보느냐가 중요하다고 봐요. 이 시간을 긍정적으로 받아들이는 사람과 부정적으로 받아들이는 사람이 있는데, 그 태도가 많은 부분을 가늠하는 신호가 될 수 있어요. 저는 가능한 긍정적인 사람과 같이 일하려는 편이고, 그런 사람들과 계속 같이 얘기하다 보면 어느 순간 진심이 맞닿아 좋은 방향으로 가기 마련입니다. 저 역시 그런 태도로 살려고 노력했고, 어떤 부분에서 내 마음이 긍정적으로 움직이지 않을 때는 솔직하게 이야기했던 것 같아요. 좋은 조직이나 회사는 그런 의견을 경청하니까요.

하지만 대개는 크리에이티브한 사람이라고 하면 긍정적이기보다 시니컬한 태도를 떠올리는 것도 사실입니다. 애플 창업자인 스티브 잡스도 그런 직업인 상에 영향을 많이 미쳤고요.

저는 그렇게 보지 않아요. 냉소적 성향이 강한 사람은, 나쁜 의미가 아니라, 절대적으로 혼자 일해야 합니다.(웃음) 주변 사람에게 그걸 감당하게 하면 안 되거든요. 저는 스티브 잡스 같은 경우도 그 성격의 일부만 조명되었다는 생각을 해요. 자기 멋대로인 데다 고집불통이었던 반면, 많은 수의 훌륭한 직원을 발탁하고 그들의 능력을 신뢰하고 인정하기도 했죠. 그의 곁에서 오래 일했던 사람 입장에서 보면 스티브 잡스는 자신을 믿어준 대단한 사람이거든요. 현재 애플이 흔들림 없이 성장하고 있다는 건 거꾸로 말하면 그가 좋은 사람을 모아 조직을 견고하게 세팅했다고 볼 수도 있죠.

좋은 자질을 가진 사람을 알아보고 양성하는 일은 꽤 중요한 직업인의 덕목 중 하나인데 간과되는 측면이 있는 것 같습니다. 덴마크의 레스토랑 노마(Noma)가 끊임없이 미식 신에서 회자되는 이유도 레네 레제피(René Redzepi)[1] 라는 천재적 셰프의 재능뿐 아니라, 노마 출신 셰프들이 전 세계에 퍼져서 그 가치를 공유하기 때문이라는 생각이 들거든요.

맞아요. 그거야 말로 대단한 능력이고, 그 부분에 대해 노력하는 사람이 흔치는 않죠. 최근에 노마 출신 셰프가 총괄하는 일본 도쿄의 이누아(Inua)라는 레스토랑에 갈 일이 있었는데, 노마로 대표되는 북유럽 미식 신의 계보를 훌륭하게 잇고 있다는 느낌을 받았습니다. 이거야말로 굉장히 의미 있는 일이라는 생각을 다시 한번 하게 되었어요.

1   미쉐린 2스타 레스토랑 노마의 셰프이자 공동 소유자. 뉴 노르딕 퀴진의 정수와 재탄생을 담아낸 요리를 선보이며 전 세계적으로 인정받았다. 그의 레스토랑 노마는 2006년부터 2019년까지 꾸준히 월드 베스트 레스토랑 50 순위에 오르며 명성을 유지하고 있다.

Frederik
Bille Brahe

프레데리크
빌레 브라헤

Copenhagen

01

프레데리크 빌레 브라헤는 미식의 도시로 떠오른 코펜하겐 곳곳에
tember), 아폴로 바 앤드 칸틴(Apollo Bar & Kantine)을 비
을 꿈꾼 것은 아니다. 그는 고등학교 진학에 실패해 요리를 시
보조한 일 등 자신의 경험을 토대로, 모든 것이 완벽해야 한다는

변화를 불러온 덴마크 셰프다. 아틀리에 셉템버(Atelier Sep-
이 돋보이는 레스토랑 네 곳을 운영 중인 그가 처음부터 이 직업
요리를 그만두고 디제잉에 뛰어든 일, 음악을 포기하고 예술가를
벗어나 자신에게 찾아오는 기회를 잡아보라고 조언한다.

실수할 수 있는 기회를 주세요

코펜하겐 샌더스 호텔 옥상 카페,
2019년 11월 15일 오후 3시

고등학교 진학에 실패하고 요리를 시작하다

2018년 12월 매거진 《B》의 '헤이' 이슈, 2019년 9월 매거진 《F》의 '베리' 이슈 이후로 또 만나게 되어 반갑습니다. 올봄에 아빠가 되었다는 소식을 들었어요. 당신의 일상에도 적잖은 변화가 있었을 것 같은데요.

아틀리에 셉템버[1]를 오픈한 뒤로는 휴가를 제대로 즐겨본 적이 없을 정도로 정신없이 살았어요. 딸아이가 태어난 뒤로 가족과 조금이라도 더 함께하기 위해 노력 중입니다. 매일 아침 6시에 일어나 아내,

[1] 코펜하겐에 위치한 브런치 레스토랑. 아침과 점심을 제공하며 채식주의 식단을 기반으로 한다. 《뉴욕타임스》, 《더블유 매거진(W Magazine)》, 미스터 포터(Mr.Porter) 등에 소개되었다.

딸아이와 한 시간에서 한 시간 반가량 긴 산책을 하고 하루 일과를 시작해요. 일주일에 최소 네 번은 집에서 아내와 함께 저녁을 만들어 먹고요. 그리고 베를린에 레스토랑 두 곳을 새로 준비 중이에요. 요즘은 레스토랑을 여는 일이 육아와 비슷하다는 생각도 자주 합니다. 오늘은 이런 모습 같다가도 다음 날이 되면 또 다른 모습이거든요. 어떤 공간이 탄생할지 기대하고 있어요.

요리에는 언제부터 관심이 있었나요?

어려서부터 음식이 우리의 감각을 깨우는 방식에 흥미를 느꼈어요. 식재료의 냄새를 맡고, 맛보고, 그것을 공들여 요리하고, 그 요리에 관해 이야기를 나누는 일련의 과정만큼 제 감각과 직관을 자극하는 일은 없었죠. 세이지(sage)[2]와 펜넬(fennel)[3]을 처음 맛본 순간을 떠올려 보면

2   지중해 원산지의 풀로 향신료, 약초, 관상용으로 재배한다. 오래전부터 약용으로 사용된 식물로 '건강하다', '치료하다'라는 뜻에서 이름이 유래했다. 주로 치즈, 소시지, 가금류 요리에 사용하는데 자극적인 맛을 내므로 극소량을 사용하는 것이 특징.

3   회향이라 불리는 미나리과의 식물. 지중해 연안이 원산지이며 향기가 나고 맛있는 약초로 알려져 있어 고급 요리에 걸맞은 향신료로 쓰인다. 이탈리아 요리에 가장 많이 등장하는 재료 중 하나로 샐러드, 파스타 등에 사용된다.

그 순간을 함께했던 사람들, 이 재료를 가운데 놓고
나누던 대화들에 관한 기억이 선명해요. 물론 다른
재료에서 결코 느낄 수 없는 향미도 강렬했지만요.
사람에 대한 호기심이 많고 사교적인 성격을 가진
저에게 요리는 언제나 다양한 사람을 모으고, 그들을
알아가는 '공간'을 형성하는 훌륭한 매개체였어요.
요리와의 끈을 놓지 않은 결정적 이유는 요리의 사회적
기능에 이끌렸기 때문이에요.

어려서부터 요리사가 되기를 원했겠군요.

요리에는 늘 열정적이었지만 특별히 직업으로 꿈꿔본
적은 없었어요. 자유로운 교육 과정으로 운영되는, 소위
'히피적인' 분위기의 학교에서 즐거운 유년 시절을 보낸
후 고등학교 진학 문제에 부딪혔어요. 공립 고등학교에
진학해 건축가나 의사와 같은 번듯한 직업을 갖길
원했던 부모님의 기대와 달리, 저는 엄격한 교육제도에
적응할 수 없는 아이였어요. 또래 친구들이 학교에서
수학, 과학을 배울 때 국립도서관에서 오디오 북을
들으며 그림을 그리거나 공원에서 뛰어놀면서 9년을
보냈으니 놀라울 것도 없었죠. 결국 고등학교 진학에
실패했고, 저의 유일한 관심사였던 요리를 자연스럽게
진로로 선택했어요. 얼떨결에 시작했지만 최선을 다하면

최고가 될 수 있을 거라는 마음가짐으로 정말 열심히 일했어요. 그렇게 일하다 보니 내로라하는 파인 다이닝 레스토랑의 주방에서 요리하는 기회도 얻었지만, 정작 저 자신은 행복하지 않았어요. 딱딱한 교육제도를 피해 선택한 레스토랑은 그보다 훨씬 더 엄격한 곳이었거든요. 학교를 피해 제 발로 군대에 들어간 격이었죠!

듣고 보니 아이러니한 상황이네요. 당시 스트레스를 어떻게 극복했나요?

이겨내지 못했어요.(웃음) 콩 한스 켈터(Kong Hans Kælder)[4]라는 미쉐린 3스타를 받은 레스토랑에서 일하면서 요리가 저의 길이 아닐 수도 있겠다는 생각이 들기 시작했거든요. 당시 콩 한스 켈터는 토마스 로데 안데르센(Thomas Rode Andersen) 셰프가 지휘하고 레네 레제피와 같은 쟁쟁한 셰프가 모여드는, 덴마크 최고의 파인 다이닝 레스토랑이었어요. 어린 저에게 꿈의 무대 같은 곳이었지만, 주방 문화는 별반 다르지 않았어요. 가부장적이고 권위적인 분위기에 늘 신경이 곤두서 있었고, 영화 ‹풀 메탈 재킷(Full

4   코펜하겐의 미쉐린 3스타 레스토랑. 코펜하겐 시내에서 가장 오래된 건물 중 하나에 위치한 곳으로 1976년에 문을 열었다. 현대 북유럽 스타일이 가미된 정통 프랑스 음식을 선보이는 곳.

Metal Jacket)⁵⁾처럼 소리 지르며 군기 잡는 선임들 때문에 상처도 많이 받았습니다.

런던을 거쳐 파리, 남프랑스로도 직장을 옮겨봤지만 매한가지였죠. 결승점에 도달하고 최고의 성적을 내는 것이 목표인 스포츠와 비슷했어요. 이런 파인 다이닝 업계에는 제가 요리할 때 좋아하던 사람들의 웃음이나 대화가 전혀 없는 것 같았어요. 세상에서 가장 근사한 요리를 만드는 일을 하지만 속은 완전히 텅 빈 기분이었죠. 결국 셰프의 꿈을 포기하기로 마음먹고는 그때 다니던 레스토랑에 전화를 걸어 일을 그만두겠다고 하며 험한 말을 퍼붓고는 끊어버렸죠. 그럴싸한 핑계를 대면서 그만둘 수도 있었지만, 셰프라는 직업에 대한 실망이 너무 커서 요리와의 인연을 아예 끊어버리고 싶었어요. 돌아가고 싶어도 돌아갈 수 없는 상황을 스스로 만들어버린 거죠.

기대가 큰 만큼 실망도 컸을 텐데요. 그 후로는 어떻게 지냈어요?

무엇을 하고 살아야 할지 방황하던 당시 제가 유일하게 할

5   스탠리 큐브릭(Stanley Kubrick) 감독의 1987년 개봉작. 베트남 전쟁 당시 미국 해병대의 한 소대에서 벌어지는 가혹한 훈련과 전투에 참여한 대원의 이야기를 다루고 있으며, 당시 전쟁에 참전한 구스타브 하스포드 (Gustav Hasford)의 자전 소설 《쇼트 타이머스(The Short-Timers)》를 원작으로 한다. '풀 메탈 재킷'은 병사들이 사용하는 전피갑탄을 의미한다.

수 있는 일은 디제잉이었어요. 워낙 음악을 좋아하고, 발도 넓었기 때문에 금세 일자리를 구했고, 디제이로서 커리어는 생각보다 잘 풀렸습니다. 크루를 결성해 파티를 열기도 하고, 나중에는 음악 레이블까지 론칭했어요. 앨범 홍보를 위해 전 세계를 여행하고 새로운 사람과 어울려 놀면서 살아있음을 느꼈어요. 폐쇄적인 주방에서 벗어나 자유를 만끽할 수 있었으니까요. 하지만 몇 해가 지나고 나니 디제이도 녹록한 직업이 아니더군요.

어떤 사건이 있었나요?

동양권은 어떤지 모르겠지만 술과 마약이 넘치는 파티는 유럽 디제이 문화의 일부처럼 자리 잡았고, 저 또한 거기서 자유롭지 않았죠. 디제이로 이름을 알리기 시작하고, 음악 레이블도 성공적으로 정착시켰지만 방탕한 생활의 연속이었어요. 바르셀로나 소나르 페스티벌(Sónar Barcelona)[6]에서 공연을 마치고 새벽까지 진탕 놀고 난 다음 날, 몸을 가눌 수 없을 정도로 아팠어요. 꼼짝도 할 수 없어 침대에 처량하게 누워 있다가 TV를 틀었는데, 마이클 잭슨의 사망 뉴스가 나오고 있었죠. 왜인지는 모르겠지만 그 순간 이런 생각이

6   스페인 바르셀로나에서 매년 6월 중순에 열리는 전자음악, 미디어아트 축제.

들었어요. '이제 이 일을 끝낼 때가 왔구나.' 그 길로 짐을
싸서 덴마크로 돌아갔어요. 제 인생에 몇 번의 암흑기가
있었지만, 요리에 이어 음악까지 그만두고, 부모님
댁에 다시 얹혀살면서 생활비를 벌기 위해 동네 피자
가게의 주방으로 돌아가야 했을 때만큼 절망적인 순간은
없었습니다.

제 발로 나간 레스토랑의 문을 다시 두드리다

이런 시련을 겪고도 당신을 지금 이 자리까지 오게 한 동인이 무엇인지 무척 궁금해지네요.

돈을 벌기 위해 주방으로 돌아가긴 했지만, 그때까지만 해도 요리를 다시 시작할 마음은 없었어요. 저를 요리로 다시 인도한 것은 다름 아닌 예술이었죠. 어린 시절부터 동경했던 예술가로서 새로운 인생을 개척하리라 마음먹고 포스(FOS)[7]의 어시스턴트로 일하기 시작했어요. 그는 관계의 미학(relational

7   덴마크 예술가 토마스 폴센(Thomas Poulsen)의 예명. 그는 사회적 소통을 통해 물리적 공간이 어떤 의미를 갖는지 탐구하며 흔치 않은 공간을 창조해낸다. 2013년부터 패션 브랜드 셀린느(Celine)와 협업해 가구와 공간을 디자인하고 있다.

aesthetics)[8]에 기반을 둔 아티스트예요. 미술과 디자인, 건축을 아우르는 그의 작업은 언제나 관객과 작품 사이의 상호성, 혹은 관객과의 관계에 중점을 두고 있어요. 그의 작업 과정, 관객을 통해 비로소 작품이 완성되는 순간을 지켜보면서 하나의 소재를 바라보는 시각과 그것을 이야기로 풀어내는 방식이 얼마나 다양할 수 있는지 깨달았어요. 요리를 새로운 관점에서 바라보는 계기였죠. 그리고 포스를 보조하던 시절 접하게 된 태국의 현대 예술가 리크릿 트라반자 (Rirkrit Tiravanija)[9]의 작업도 결정적인 영향을 미쳤어요. 요리를 매개로 한 그의 작업은, 제가 요리에 매료되었던 이유가 요리의 '공동체 경험'에 있었음을 상기시켜줬거든요.

리크릿의 작업에 대해 좀 더 자세히 이야기해줄 수 있을까요?

리크릿은 1990년대 초부터 전시장에 조리 기구와 식재료, 탁자와 의자를 들여와 직접 요리를 만들고 관객에게 나눠주는 퍼포먼스를

8   1990년대에 큐레이터 니콜라 부리오(Nicolas Bourriaud)가 만들어낸 미술 용어. 인간 사이의 관계와 그들의 사회적 맥락에 영감을 받거나 이를 기반으로 하여 창조한 예술을 일컫는다.

9   뉴욕, 베를린, 치앙마이에서 주로 활동하는 태국 현대 미술가. 전시 공간 안에서 요리, 독서, 음악 감상 등 관객이 참여할 수 있는 설치미술을 진행한다.

진행해왔어요. 작가의 작업실에서 완성된 오브제 대신 말이죠. 추상적으로 들릴지도 모르겠지만, 그의 작업은 (테이블 앞에 놓인 촛대를 가리키며) 이 촛대가 이것을 바라보는 사람과 맺는 관계에 따라 다른 무엇이 될 수 있는 것처럼 요리도 그것이 놓인 맥락에 따라 셰프 개인의 창작물이 아닌, 사람과 공유할 수 있는 무엇이 될 수 있다는 것을 일깨워줬어요. 요리는 결승점을 향해 내달리는 스포츠가 아니라는 점을 재차 확인한 뒤, 제 손으로 레스토랑의 문을 다시 두드렸죠.

한때 끔찍이도 싫어하던 주방으로 돌아가는 것이 쉽지만은 않았을 텐데요.

당시 헬레루프 파크호텔(Hellerup Parkhotel) 레스토랑을 지휘하던 에르빈 라우터바흐(Erwin Lauterbach)[10] 셰프를 찾아갔어요. 그는 "예스, 셰프" 외에 입 밖에 내서는 안 되는 숨 막히는 분위기를 조성하지 않고 요리사들이 자신을 표현할 수 있는 공간을 내줬어요. 에르빈은 '뉴 노르딕 퀴진

10   덴마크 셰프. 현재는 1954년에 문을 연 코펜하겐 레스토랑 룸스케부그텐(Lumskebugten)의 셰프이자 소유주이다. 그는 계절 채소를 중심으로 한 요리를 내놓는다. 음식은 원재료의 맛과 그것이 담고 있는 특징이 분명히 드러나야 한다는 신념을 갖고 있으며 덴마크 미식의 기준을 한층 높이 끌어올린 셰프 중 한 명으로 평가받는다.

(New Nordic Cuisine)'[11]이라는 개념이 생기기 전부터
로컬 식재료를 고집하고, 채식 위주의 파인 다이닝
요리를 선보인 셰프예요. 그는 재료를 구하는 방식,
요리법뿐 아니라 다른 요리사들과 함께 일하는 방법에
이르기까지 자신만의 에토스(ethos)[12]를 가지고 있었죠.
그와 함께한 3년은 요리가 얼마나 지적이며 창의적인지,
또 때로는 낭만적일 수 있는지를 다시 한번 깨닫는
소중한 시간이었어요. 2012년 헬레루프 파크호텔이 문을
닫으면서 독립했지만, 지금까지도 조언이 필요할 때면
가장 먼저 찾는 사람 중 한 명이에요.

에르빈 셰프가 당신에겐 구루와 같은 존재군요.

맞아요. 에르빈은 자신만의 독특한 언어를 가진
셰프였어요. 그만의
자유분방함은 제가 요리에
접근하는 방식에도 큰
영향을 끼쳤죠. 한 번은
콜리플라워를 한참
살펴보더니 가운데를
칼로 푹 찔러서 두 동강을
낸 후 "작은 조각은 7번
테이블의 여자에게 주고,

11   청정 자연에서 온
순수한 식재료의 맛에 집중하는
요리. 북유럽에서 시작된 흐름으로
덴마크의 레스토랑 노마가 세계적인
주목을 받으며 알려지기 시작했다.
북유럽의 자연에서 자란 식재료를
사용해 건강한 자연식을 추구하는
방식으로, 자연 식재료를 가공하지
않고 그대로 반영하는 것이 특징.

12   품성이나 품격에서
나오는 인간적 신뢰감.

큰 조각은 그의 남편에게 줘"하고 말하더군요. 괴짜처럼 들릴 수도 있지만, 그의 요리는 식재료의 에너지를 느끼고 그 에너지를 손님에게 전달하는 일과 다르지 않았어요. 어떻게 하면 요리가 더 멋들어지게 보일까 하는 문제보다 접시를 통해 자신의 진심을 전하는 일에 집중했고요. 그는 미식계의 관습과 보이지 않는 규칙에서도 자유로왔어요. 그를 옆에서 지켜본 덕분에 과거에 제가 주방에서 불행했던 이유를 찾았죠. 나보다 앞줄에 있는 사람들을 따라잡는 데 연연했거든요. 나의 이야기, 남과 다른 이야기를 해도 괜찮다는 확신이 들면서 요리는 그 어느 때보다 재미있어졌습니다.

요리에도 맥락이 중요하다

홀로서기는 어땠나요?

저의 첫 레스토랑은 아틀리에 셉템버입니다. 코펜하겐
중심가에서 좀 벗어난 고테르스가데(Gothersgade)에
예전부터 있던 앤티크 디자인 숍을 개조해 만든 곳이죠.
이곳에서 스페셜티 커피와 간편하고 건강한 채식
요리를 합리적 가격에 제공하고 있어요. 파인 다이닝
레스토랑에서 경력을 쌓고 브런치 카페를 연 셈인데,
이런 저의 선택을 의아하게 생각한 사람도 많았습니다.
당시 제 바람은 고가의 파인 다이닝 레스토랑과 가격이
싼 대신 품질도 바닥인 패스트푸드점으로 양분되어 있던
코펜하겐 외식 신에서 중간 지대를 다지는 것이었어요.

매거진 «B» Issue No.72, '헤이(Hay)'
Exploration 중, p.62

"제 레스토랑을 보면 알겠지만,
제가 추구하는 건 '다름'입니다.
그 다름 안에서 최상의 재료를
어떻게 합리적 가격으로
선보일 수 있는지에 집중하죠."

프레데리크 빌레 브라헤

주머니 사정이 넉넉하지 않은 손님을 위한 아르페주
(L'Arpège)[13]를 만들고 싶었습니다. 품질과 가격 어느
하나 포기할 수 없는 상황에서 유일하게 절감할 수 있는
것은 인건비였고, 꽤 오랫동안 식당을 혼자 운영했어요.

사람들이 아틀리에 셉템버의 등장을 꽤 반겼던 걸로 기억해요.
수많은 미디어에서도 동시다발적으로 당신 레스토랑을
이야기하기 시작했고요.

식당을 연 지 첫 주부터 내부와 테라스는 손님들로 꽉
찼고 둘째 주에는 익숙한 얼굴의 사람들이 테라스에 앉아
있었어요. 자세히 보니
레네 레제피와 레스토랑
제라늄(Geranium)의
라스무스 코포드(Rasmus
Kofoed)[14]더군요. 그들이
누군지는 알았지만
제 음식을 먹으러
올 거라고는 예상치
못해서 얼떨떨했죠.
유명 셰프들이 아틀리에
셉템버를 거의 매일
찾아와준 덕분에 비교적

13　　　파리에 있는 미쉐린
3스타 레스토랑. 알랭 파사르(Alain
Passard)가 운영하는 곳으로 채식
요리, 생과일 및 말린 과일로 속을
채운 토마토, 아니스 아이스크림 등
독특한 후식을 낸다.

14　　　코펜하겐 미쉐린 3스타
레스토랑 제라늄의 셰프이자 공동
소유주. 끊임없는 자연의 변화와 그
아름다움을 탐구하는 셰프로 어린
시절 자연과 함께 자란 경험에서
받은 영감을 요리로 표현한다.
미식계의 올림픽 경기로 불리는
보퀴즈 도르(Bocuse d'Or)에서
2005년 동메달, 2007년 은메달,
2011년 금메달을 수상했다.

빠른 시간에 이름을 알릴 수 있었어요.

최상의 식재료로 만든 요리를 접근 가능한 가격에 제공하는
일은 어려운 숙제였을 것 같습니다. 이런 관점에서 특별히
만족스러웠던 메뉴가 있는지요?

아틀리에 셉템버에서만 맛볼 수 있는 특별한 아침 식사
메뉴를 구상하던 중 지금의 리소토를 닮은 포리지
(porridge)[15]를 만들었어요. 덴마크에서 포리지는
아침에 배를 든든히 채우기 위한 음식이라는 인식이
강해요. 그래서 별다른 토핑 없이 설탕과 계핏가루를
대충 뿌려 먹는 것이 일반적이죠. 평평한 접시에
간을 하지 않은 귀리죽을 거울처럼 얇게 펴 담은 후,
올리브 오일과 소금, 레몬즙으로 간을 하고 사철쑥
(tarragon)과 당절임한 구스베리(gooseberry)를
더했어요. 풍미뿐 아니라 시각적으로도 빼어난 요리인데
가격도 합리적이에요. (웃음) 비싼 값을 지불하지
않고도 일상을 특별하게 만들어주는 요리라는 점에서
유독 애착이 가는 메뉴입니다.

아틀리에 셉템버를 오픈할 때
요리 외에 특별히 고려한 요소가
있었나요?

15   으깬 곡물과 귀리,
오트밀에 물과 우유를 더해 끓인 죽.

오래전부터 일본을 비롯한 아시아권에서 볼 수 있는, 주인 혼자 커피를 내리고 음식도 만드는 작은 식당에 대한 동경이 있었어요. 주인이 손수 고른 식재료와 독자적으로 개발한 레시피, 그의 취향을 오롯이 반영한 식기와 가구로 채워진 장소들이 참 근사해 보였고, 아틀리에 셉템버도 그런 공간이길 바랐어요. 일본 여행 때 구매한 물병이나 벼룩시장에서 구한 빈티지 식기 등 제 물건들을 가게로 옮겨왔고 중고 시장에서 가구도 구매했습니다. 전반적으로 미니멀한 인테리어 디자인을 추구했지만, 이 장소의 역사를 이어가기 위해 앤티크 가구를 고집했어요.

당신에게 공간은 요리만큼이나 중요해 보입니다.

요리를 맥락에서 따로 떼어 내서 보는 일은 제게 불가능해요. 인테리어가 흉측한 식당에서 못생긴 접시에 담긴 음식을 먹는 것은 거의 고문이죠. 같은 맥락에서, 아무리 훌륭한 요리를 내는 레스토랑이라 해도 벽지나 조명 또는 화병에서 아무 감정도 느껴지지 않는 무향무취의 공간이라면 금방 지루해져요. 어렵게 예약한 고급 레스토랑의 불편한 분위기에서 요리를 제대로 즐기지 못하고 와인만 들이키다 온 경험도 많고요.

공동 식사를 통한 공동체 확장

요리를 통해 궁극적으로 추구하는 바가 있나요?

앞서 말씀드린 것처럼 저는 공동 식사(communal dining)[16] 경험을 무엇보다 중요시해요. 요리를 통한 공동체 만들기라고 할 수도 있겠죠. 윤리적으로 수급한 재료로 정성스레 만든 요리를 합리적인 가격에 제공하는 일도 중요하지만, 사람들이 긴장을 풀고 교류할 수 있는 분위기를 만드는 것 또한 핵심이에요. 요리를 통해 사람과 사람 사이를 연결하는 것이야말로 '지속가능한 호스피탤리티(환대)'라고 생각합니다.

16 타인과 함께 음식을 중심으로 식사하며 시간을 나누는 것. 레스토랑 같은 공공장소 또는 집과 같은 개인적인 공간에서 이뤄지기도 한다.

'예술을 담은 공간'이라는 수식이 늘 따라붙었던 아틀리에 셉템버에 이어, 예술 학교이자 현대미술관을 겸하는 샤를로텐보르에 아폴로 바 앤드 칸틴을 오픈했다는 점도 흥미로워요.

아폴로 바 앤드 칸틴(Apollo Bar & Kantine)[17]을 열기 전에 하우폰(Havfruen)라는 이름의 비스트로를 운영한 이야기부터 해야겠네요. 관광객들로 붐벼서 현지인은 절대 발을 들이지 않는 동네인 뉘하운(Nyhavn)에서 레스토랑을 연다는 것 자체가 대단한 도박이었지만, 디자이너 폴 쾨르홀름(Poul Kjærholm)[18], 화가 아스게르 요른(Asger Jorn)[19]과 같은 20세기 예술가의 작품이 곳곳에 남아 있는 주택에 반해서 모험을 해보기로 했죠. 베를린의 파리 바(Paris Bar)[20]와 같은 장소가 될 거라고 믿었거든요.

17   아틀리에 셉템버의 셰프 프레데리크 빌레 브라헤의 또 다른 레스토랑.

18   다양한 건설 자재에 관심을 보인 덴마크의 가구 디자이너.

19   덴마크의 화가. 아방가르드 그룹 코브라(COBRA) 등을 이끌며 20세기 중반 사회 참여적 예술운동을 주도했던 대표 작가.

20   데이미언 허스트(Damien Hirst), 데이비드 보위(David Bowie), 이브 생 로랑(Yves Saint Laurent)과 같은 예술인이 모여든 베를린의 바. 1962년에 처음 문을 연 곳으로, 예술가들이 기부한 작품으로 넘쳐나는 역사적 장소다.

실수할 수 있는 기회를 주세요

예상은 빗나가지 않았어요. 하우폰은 문을 열자마자 덴마크의 예술가들, 패션, 영화, 요식업계 사람이 한데 모이는 명소로 자리매김했죠.

반면 인기와 별개로 하우폰은 늘 적자였어요. 하루는 지인에게 이러한 경제적인 고충을 토로하는데, 테이블 한쪽에 앉아 있던 남자가 자신의 미술관으로 레스토랑을 옮겨보면 어떻겠냐는 제안을 하더군요. 알고 보니 쿤스탈 샤를로텐보르(Kunsthal Charlottenborg)[21]의 관장이었습니다. 나중에서야 제가 진작 이곳에 레스토랑을 열어야 했다는 걸 깨달았죠. 손님들은 제가 추천하기도 전에 내추럴 와인을 먼저 주문했고, 어느 관광객처럼 피시앤칩스가 왜 메뉴에 없냐며 시비를 걸지도 않았어요. (웃음)

서로 연결되어 있는 아폴로 바와 아폴로 칸틴을 군이 분리한 이유가 있나요?

현대미술관과 예술 학교가 붙어있는 구조의 샤를로텐보르에 요식 공간을 열고자 했을 때 두 가지를 반드시 고려해야 했어요. 첫째, 사람을

[21] 코펜하겐의 현대 미술관이자 덴마크 왕립 미술 아카데미(Royal Danish Academy of Art)의 공식 전시관. 누구나 작품을 제출할 수 있는 봄의 공개 전시회와 초대받아야만 전시할 수 있는 가을 전시회로 유명하다.

미술관으로 유입하고 교류할 수 있는 장소가 필요했고, 둘째, 예술 학교 학생들이 구내식당처럼 이용할 수 있는 매우 기능적인 공간도 갖춰야 했죠. 테라스와 연결된 레스토랑 겸 바인 아폴로 바는 고급 소재와 모던하고 세련된 디자인이 돋보이게 구상한 반면, 아폴로 칸틴은 학교의 기존 가구를 다시 사용해, 매우 친근하고 실용적인 공간으로 만들었어요. 그리고 둘 사이에 바를 설치해서 저녁에는 학생과 외부인이 자유롭게 어우러지도록 의도했죠.

2018년에 당신이 문을 연 덴마크 국립미술관의 카페테리아 중앙에 10명이 족히 앉을 만한 긴 테이블을 놓은 것도 같은 맥락으로 볼 수 있을까요?

물론이죠. 카페테리아(Kafeteria)의 디자인은 베트남 출신의 덴마크 아티스트 얀 보(Danh Vo)[22]와 함께 구상했어요. 덴마크 국립미술관(Statens Museum for Kunst)은 이태리풍 르네상스 건축물로 19세기에 지어졌습니다. 이 고풍스러운 건물 안으로

22   덴마크의 베트남계 미술가. 베트남 전쟁 후 네 살 때 덴마크로 이주해 자신의 정체성과 문화유산과 관련된 개념미술을 다루며, 2013년과 2015년 베니스 비엔날레에 참가했다. 현재 그의 작품들은 뉴욕 구겐하임 미술관, 바젤의 쿤스트 미술관 등에서 볼 수 있다.

대리석 테이블이나 샹들리에가 아닌, 이사무 노구치 (Noguchi Isamu)[23]의 종이 조명과 엔초 마리(Enzo Mari)[24]가 1970년대에 고안한 DIY 가구를 들인 데는 정치적 의도가 있어요. 덴마크에서 예술은 사회 계층과 상관없이 누구나 누릴 수 있는 것처럼 보이지만, 빈부 격차가 점점 벌어지면서 현재 미술관 방문객이 예전처럼 다양하지는 않아요. 미술관이 누구에게나 열린 공간임을 다시금 알리도록 카페테리아가 친근한 공간이었으면 했고, 이런 메시지를 전하는 데 엔초 마리의 가구만큼 적합한 것도 없었죠.

오픈을 준비하면서 그밖에 신경 쓴 부분이 있었나요?

카페테리아 오픈을 준비하면서 무엇보다 식재료 수급에 공을 들였어요. 환경 친화적으로 재배한 유기농 재료만 사용하는 것을 목표로 했고, 그 목표를 달성했다고 자부해요. 아틀리에 셉템버를 열 때부터

23   일본계 미국인 미술가. 조각, 회화, 조경, 무대, 인테리어 디자인 등 다양한 분야에서 활약한 예술가이자 20세기의 가장 중요한 조각가 중 한 명이다. 1940년대 혁신적인 산업, 인테리어 디자인으로 유명세를 얻었다.

24   이탈리아의 현대 미술가, 가구 디자이너, 디자인 이론가 및 사상가. '디자인의 목적', '미학적 만족감', '디자인의 유용성과 정당성'을 주장해왔으며, 독창적이고 윤리적인 업적으로 이탈리아 최고 디자인상인 황금 컴퍼스 상 (Compasso d'Oro)을 여러 번 수상했다. 가장 인간적인 디자인이 무엇인지, 어떤 방식으로 만들어야 하는지에 대한 끊임없는 고민으로 디자인계의 철학자라 불린다.

셰프로서 제가 맡은 가장 중대한 의무는 '우리 몸과 환경에 이로운 음식을 먹는 일이 특정 사회계층의 전유물이 되지 않도록 투쟁하는 것'이라고 여겨왔어요. 카페테리아의 경우, 국립미술관이라는 상징성이 있기 때문에 식재료 품질과 가격에서 타협하고 싶지 않았어요.

이야기를 나누면 나눌수록, 당신이 일하는 방식은 예술가의 작업 방식과 크게 다르지 않다는 생각이 드네요.

예술의 본질은 스토리텔링이라고 생각해요. 그런 의미에서 본다면 제 레스토랑들도 예술 작품이 될 수 있죠. 저의 누나인 주얼리 디자이너 소피 빌레 브라헤 (Sophie Bille Brahe)[25]의 작업도 마찬가지예요. 그는 단순히 근사한 장신구를 만드는 사람이 아니라, 주얼리라는 오브제를 통해 이야기를 전달하는 사람이죠.

스토리텔링 외에도 당신의 요리와 누나의 주얼리 사이에 공통점이라 할 만한 것이 있나요?

소피의 주얼리는 단순한 듯 보이지만 호기심을 불러일으키는 것이

25　　　덴마크의 주얼리 디자이너이자 동명의 브랜드. 천문학에 대한 관심을 바탕으로 주얼리를 디자인하며 진주, 금, 은 등 몇 가지 재료만으로 단순하게 구성한다. 천연석과 금이 반사되는 모습에서 영감을 얻으며 현대의 럭셔리 개념을 타파하는 것을 지향한다.

특징이에요. 장식을 절제하고 소재 자체의 아름다움과 부피감, 직선과 곡선처럼 디자인의 본질에 집중하죠. 제 요리도 비슷해요. 요리할 때 시각적으로든 미각적으로든 과하지 않은 상태를 지향해요. 요즘은 호박이 제철이라 호박 파스타를 자주 만들어 먹는데요. 프라이팬에 올리브 오일을 둘러, 호박을 노릇하게 익히고 거기에 다진 마늘과 천일염, 에스펠레트 고춧가루[26]를 더하고 삶은 파스타를 넣어 함께 섞어주는 게 다예요. 양념은 호박의 맛을 더욱 돋울 뿐이에요. 이렇듯 재료가 가진 깊고 복잡한 풍미를 경험하게 하는 데 필요한 공정과 재료만 남기고, 나머지는 모두 빼는 식이에요.

26   Espelette pepper. 프랑스 바스크 지역의 마을 에스펠렛의 이름을 딴 고추. 에스펠렛에서 재배되는 고추는 1년에 정해진 양만 생산되며 묵직하면서도 상큼하고 매운맛을 내는 것이 특징. 프랑스 지역 음식과 바스크 음식에 주로 사용되며 수프 또는 소스를 만들 때 향신료로 쓰인다.

어떤 상황에서도 스스로를 잘 대해주라

요식업계의 미래를 생각해본 적도 있나요?

스마트폰의 등장과 함께 사람들이 관계를 맺는
방식이 완전히 바뀌어 버렸어요. 소셜 미디어를 통해
타인에게 노출되는 빈도가 훨씬 높아진 시대에 살고
있는 현대인은 그 어느 때보다도 완벽주의적이고,
성과주의적이며, 나르시시스트적인 성향을 드러내고
있죠. 사회적으로 고립되고 외로운 만큼 사람들은
타인을 만나 대화를 나누고 부담감을 내려놓을 수 있는,
실재하는 장소를 점점 더 절실히 원할 거예요. 저는 요식
공간이 사회문제의 해답이 될 수 있다고 믿어요. 사람을
모으는 요리의 힘을 알기 때문이죠. 오늘날 음식이

허기를 채우는 수단을 넘어 과시 수단으로 변모해가는 소비 지향적 문화에서 탈피해, 관계를 중심으로 한 식문화가 정착할 수 있도록 애쓰는 것 또한 셰프로서 저의 미션입니다.

본인이 생각하는 가장 이상적인 요식 공간은 어떤 모습인지 궁금하네요.

제가 생각하는 이상적인 요식 공간은 계속 머무르고 싶은 곳이에요. 가장 좋아하는 상황을 그려볼까요? 아무 계획 없이 와인 한잔 마시러 들른 식당에서 혼자 온 친구와 마주쳐요. 나란히 앉아 와인을 마시고 있는데, 잠시 후 그 친구의 친구가 또 문을 열고 들어와요. 그 친구가 우리 자리로 합류하고, 대화를 나누던 셋은 자연스럽게 저녁 식사를 주문하죠. 세 사람이 이렇게 만나 밥까지 나눠 먹게 된 이유는 무엇일까요? 그것은 훌륭한 칵테일이나 요리가 아닌, 사람을 끌어당기는 분위기 때문이겠죠. 그러려면 요리부터 실내장식, 식기, 직원의 서비스, 심지어 플레이리스트까지 모든 요소에 마음을 담아야 해요. 서로 만나고, 친구가 되고, 사랑에 빠지기를 바라는 주인의 마음은 이 모든 것을 통해 손님에게 전달되기 마련이죠.

당신의 일상은 어떤가요. 네 개의 레스토랑을 동시에
운영하다보면 신경 써야 할 일이 한둘이 아닐 것 같은데요.

제 스케줄을 자세히 이야기하면 몹시 지루해질 거예요.
운이 좋은 날은 주방에서 몇 시간 정도 요리를 하며
보낼 수 있지만 그렇지 않은 때는 내내 미팅만 하다
끝나버리기도 해요.

수장이 세세히 개입하지 않아도 레스토랑이 잘 운영된다는
사실이 신기하네요. 특별한 노하우가 있나요?

처음에는 일을 잘하는 사람들만 모으면 될 거라고
생각했는데, 그것만으로는 충분하지 않더군요. 좋은
리더는 '좋은 소통가'라는 것을 깨닫는 데 시간이 좀
걸렸어요. 레스토랑은 팀워크 없이는 결코 돌아갈 수
없어요. 구성원을 연결하는 공공의 목적이 무엇인지
확실히 공유하는 것이 중요하죠. 직원 각자가 자신이
하는 일에서 의미를 찾을 수 있다면 일일이 일러줄
필요가 없거든요. 또한 셰프로서 스스로 견고한 정체성을
갖는 것도 자율적인 분위기의 근무 환경을 만드는 데
큰 도움이 됩니다. 제가 원하는 것이 무엇인지 구태여
이야기하지 않고서도 팀원 스스로 이해하고 행동할 수
있게끔 하는 최고의 소통 방법이에요.

내털리 릭(Natalie Rigg), '뉴 노르딕
에너지: 소피와 프레데리크 빌레 브라헤의
등장(New Nordic Energy: The Rise
of Sophie & Frederik Bille Brahe)'
(«AnOther», 2016.6.30)

Q. 사업을 성공적으로
운영하는 건 다른 차원의
문제죠. 창의적인 재능을
가진 사람들도 종종 어려움에
처하고요.

A. (…) 쉽지는 않았어요. 제가
더 어릴 적에는 어떤 것에도
집중하지 못했어요. 저는
항상 친구와 어울려 놀기를
좋아했고, 실제로 학교에 가는
것도 좋아했지만 공부를 한
적은 없어요. 단 한 번도 숙제를
하지 않았고요. 그러다 요리를
시작했는데, 계속 버티면서
지금까지 해오고 있어요. 처음
훈련받은 주방 분위기가 그리
마음에 들지는 않았지만요.

Q. 치열했나요?

A. 맞아요. 첫 레스토랑
(아틀리에 셉템버)을 열었을
때는, 그걸 매우 중요하게
생각해서 일터 분위기를
전반적으로 좋게 만들고 업무
문화를 신경 써서 챙기려고
했어요. 무엇보다 가장 큰
동기는 모든 사람에게 고품질의
식재료로 만든, 정말 맛있는
음식을 적당한 가격에 제공하는
일이에요. 개방적이고 섬세하며
기능적인 공간에서 말이죠.

당신이 하는 모든 일에 늘 적용하는 원칙이 있나요?

'모든 일에 같은 원칙을 적용한다'라…. 참 좋은 생각이네요. 안타깝게도 저는 그렇게 체계적인 사람이 아니에요. 사실 좀 더 체계적인 사람이 되는 것이 내년 목표입니다. '요리책을 한 권 내야지'라고 생각한 것이 벌써 8년 전인데, 아직까지도 못 내고 있어요. (웃음) 포토그래퍼와 에디터 등 여러 명과 작업에 착수했지만 결국 끝까지 가지 못했죠. 가끔 데이비드 장(David Chang)[27]처럼 10개의 레스토랑을 운영하면서 출판, 팟캐스트, 잡지, TV 시리즈까지 동시에 진행하는 사람을 보면 마냥 경이로워요. 최고보다는 다름을 추구하는 사람으로서 그동안 일부러 돌아가는 길을 선택한 적도 많았는데요. 요즘은 목표를 향해 직진하는 법을 배워야겠다고 생각해요.

[27] 모모푸쿠(Momofuku) 레스토랑 그룹을 설립한 미국의 유명 셰프, 작가이자 TV쇼 진행자. 넷플릭스의 오리지널 시리즈 ‹어글리 딜리셔스(Ugly Delicious)›를 통해 세계적 스타로 거듭났다. 대학에서 종교학을 공부하고 월가에서 일하다가 돌연 요식업에 종사하며 '새로운 미국식 요리'를 선보였으며, 2011년부터 2017년까지 음식 전문 잡지인 «럭키 피치(Lucky Peach)»를 발행했다. 2010년 «타임»에서 선정한 '세계에서 가장 영향력 있는 100인' 중 한 명으로 꼽힌 바 있다.

셰프가 되고자 하는 사람에게 해주고 싶은 조언이 있다면요?

모든 것이 완벽해야 한다는 강박에서 벗어나,

실수할 수 있는 기회를 주세요

자신에게 찾아오는 기회를 잡아보세요. 기회를 잡는다는 말은 자신이 실수할 수 있도록 허락한다는 의미이자 인생을 변화시킬 준비가 되었다는 의미이기도 하잖아요. 제가 고등학교 진학에 실패해 요리를 시작한 일, 요리를 그만두고 디제잉에 뛰어든 일, 음악을 포기하고 예술가를 보조한 일을 두고 누군가는 처절한 실패였다고 말할 수도 있겠죠. 하지만 저는 이 모든 게 제 삶에 중대한 변화를 만들어준 기회였다고 생각해요. 덧붙이자면, 어떤 상황에서도 자기 자신에게 잘 대해주세요(be nice to yourself). 스스로를 잘 대한다면 당신이 기대하는 것보다 훨씬 더 많은 기회가 찾아올 거예요.

프레데리크 빌레 브라헤는 1983년 코펜하겐에서 태어나 코펜하겐 북쪽에 위치한 헬레루프(Hellerup)에서 유년 시절을 보냈다. 그는 파인 다이닝 레스토랑에서 경력을 쌓은 후 2015년 10월에 브런치 레스토랑 아틀리에 셉템버를 만들면서 미식계에 이름을 알리기 시작했다.

—

2016년 밀라노 디자인 위크 때는 홈웨어 브랜드 헤이의 공동 설립자 메테 헤이(Mette Hay)와 함께 덴마크식 주방을 콘셉트로 한 팝업 카페를 열었다. 둘의 성공적 만남은 새로운 작업으로 이어졌고, 헤이는 그와 큐레이션한 주방 컬렉션을 발표했다.

—

미술 기관과의 첫 협업이었던 쿤스탈 샤를로텐보르의 요식 공간 아폴로 바 앤드 칸틴에 이어 2018년에는 덴마크 국립 미술관의 요식 공간인 카페테리아를 오픈했다.

—

그 밖에 덴마크 보른홀름 섬에 피서 철에만 운영하는 레스토랑을 여는가 하면, 조형 예술가 올라푸르 엘리아손(Olafur Eliasson)의 키친 스튜디오에 초청되어 셰프로 참여하는 등 크리에이티브 분야를 넘나들며 활발히 활동하고 있다.

—

2018년 8월 11일 덴마크 출신 톱 모델 캐럴라인 브라시 닐센 (Caroline Brasch Nielsen)과 결혼했고, 이듬해 4월 딸 소냐 (Sonya)의 아버지가 되었다.

—

instagram @frederikbillebrahe

프레데리크 빌레 브라헤
Frederik Bille Brahe

"

저는 덴마크의 유서 깊은 집안에서 자랐습니다.
집에는 흔히 볼 수 있는 모던한 가구 대신 고풍스러운
소파가 있고, 오래된 촛대, 접시, 벽걸이 시계, 출처를
알 수 없는 책과 액자가 여기저기 쌓여 있었어요. 호기심의
방(cabinet of curiosity)과 비슷했죠. 어려서 부모님을
여읜 아버지는 외로운 청년 시절을 보내면서 가족에게
물려받은 물건에 대한 애착을 키워왔어요. 아무리 작고
낡은 물건이라도 버리는 법이 없었고, 그 물건에 얽힌
이야기를 소중히 간직했습니다. 식사를 하다가도 탁자에
놓인 나이프 하나를 들고서는, 그 나이프에 담긴 이야기를
몇십 분씩 들려줬거든요. 그런 아버지 밑에서 자라다 보니
어떤 물건을 볼 때면 그것이 어떤 이야기를 담고 있을지
혼자 상상해보곤 했어요.

"

Vera
Lee

이선용

Seoul

02

이선용은 서울 합정동에 있는 쿠킹스튜디오 '목금토 식탁'을 레스토랑에서 경력을 쌓으며 요리의 길로 방향을 바꿨다. 비현음식이 정직하게 드러나는 공간이었다. 그 스스로 요리를 통해 즐거움을 찾기를 바라는 마음으로 이 공간을 열었다고 말한다.

셰프다. 그는 월가의 금융인으로 커리어를 시작해 뉴욕의 유명

큰 단위의 돈을 대하던 그에게 주방은 요리사가 최선을 다한

쁨의 효용을 얻은 것처럼, 누구나 요리하는 행위에서 원초적

주방은 정직한 공간입니다

서울 마포구 합정동 목금토 식탁,
2019년 10월 21일 오전 10시

가만히 있으면 아무 일도 일어나지 않는다

'목금토 식탁'이란 이름을 처음 들었을 때 일주일에 3일만 일하는 삶을 상상했어요. 목요일, 금요일, 토요일에만 영업하기로 정한 이유가 궁금합니다.

요리는 육체노동이잖아요. 언젠가 제 식당을 열면 이틀은 무조건 쉬어야 한다고 생각했어요. 제가 미국에 있을 때 일했던 식당들도 모두 일요일과 월요일에 문을 닫았거든요. 그런데 이곳을 혼자 운영하기로 결정하고 나니 '막상 5일을 모두 열 수 있을까'란 걱정이 들더군요. 주위를 보니 화요일이나 수요일에는 외식을 하지 않는 것 같아서 모객 문제도 있었고요. 5일 모두 열어놓고 장사가 안 된다고 고민하느니, 잘될 날만 열고 나머지요일은 편하게 쉬거나 사람을 만나기로 정했어요. 단순한 이유죠.

요일을 먼저 정한 다음에 이름을 붙였군요.
다른 후보도 있었나요?

'불란서주방', '작은 그릇' 등이 있었어요. '불란서주방'은 왠지 프랑스 요리만 해야 할 것 같고, '작은 그릇'은 너무 서정적으로 느껴졌어요. 나중에 브랜딩 작업을 맡은 디자이너가 '목금토'만으로는 정체성이 명확하지 않으니 뭔가를 붙이면 좋겠다고 제안했어요. 주방, 식탁, 키친 등을 고민하다가 지금처럼 '목금토 식탁'이 되었고요. 또 디자이너가 이름과 연결되도록 이 공간을 나무와 금속, 도자기로 채우면 어떠냐고 했어요. 마침 제가 도자기를 취미로 만드는데, 그것들을 식기로 활용할 줄은 몰랐습니다.

콘셉트를 잡는 데 디자이너가 큰 영향을 미쳤네요.

실은 제가 이 공간을 얼렁뚱땅 열었어요. 2018년 6월 초, 다니던 회사를 그만둬야겠다고 생각하던 차에 여성기업가네트워크'를 통해 알게 된 임재연 대표에게 요리와 연관된 무언가를 하려고 한다고 아이디어를 던졌는데, 합정동의 공간 하나를 소개해줬어요. 원래는 개인 공방을 열거나 집에서 요리 비디오를 찍어 올리면서 사람들의 반응을 볼까 했는데, 이 공간이 마음에 들어서 바로 계약했어요. 임 대표를 통해 디자이너도 소개받는 등, 7월 한 달 동안 모든 게 빠르게 진행되었습니다. 그리고 식당보다는 음식을 같이 만드는 데 초점을 맞추고 싶어서 일반음식점이 아닌, 쿠킹스튜디오(요리학원)로 등록했어요. 이 공간을 보면서 한 팀 정도 같이 요리하고 먹어도 되겠다고 생각했죠.

주변에 도움을 줄 만한 사람이 많았네요.

제가 미국에서 일하다가 2015년, 거의 13년 만에 귀국했는데요. 의욕 넘치게 내 레스토랑을 열어볼까 하다가 현실의 장벽에 부딪히고, 우울증까지는 아니어도 혼자 3~4개월 무기력하게 보낸 적이 있거든요. 그때 남편이 저를 여성기업가네트워크에 데리고 나갔어요. 제게 "이러고 있으면 아무 일도 일어나지 않으니까 일단 나가서 사람들 좀 만나봐",

1   정식 명칭은 여성기업가네트워크 '내일'. 'Women Entrepreneurs Network'를 줄여 '위넷'으로 불린다. 다음세대재단 대표를 지낸 문효은 아트벤처스 대표와 청소년에게 창업가 정신을 교육하는 오이씨(OEC) 장영화 대표, 벤처 기부 펀드 씨프로그램(C Program)의 엄윤미 대표가 주축이 되어 만들어졌다. 2014년 1월 첫 모임을 시작으로 매달 모인다.

"너 같은 사람들이 모이는 곳이 있다"라고 했거든요. 처음부터 목금토 식탁을 창업하려 한 게 아니었는데, 일이 착착 진행되어 정말 감사하죠.

채권을 검토하는 증권사에서 요리하는 주방으로

대학에서 경영학을 전공하고 외국계 증권사에서 사회생활을 시작했습니다.

> 가끔은 한국에서 고등학교 2학년 아이에게 '문과, 이과, 예체능' 이런 식으로 자신의 미래를 결정하게 하는 방식이 무책임하다고 느껴요. 돌이켜보면 저는 공대를 가야 했는데 어쩌다 보니 고등학생 때 문과를 택한 거죠. 그렇게 경영학부에 진학하고 운 좋게 BNP 파리바 페레그린(BNP Paribas Peregrine)이라는 외국계 증권사의 증권 분석(equity research) 팀에 들어갔어요. 금융을 썩 좋아하지 않았는데, 그냥 다녔어요. 너무 '돈돈돈' 하는 게 저랑 맞지 않아서 비영리(non-profit)

쪽으로 방향을 바꾸려고 MBA를 준비했고요. 그 직전에 미국에서 박사 과정을 밟고 있는 남편을 만나 저도 결국 미국에서 직장을 구해야 했습니다. 여러 곳에 지원했는데 다 떨어지고, 뉴욕의 증권 회사 메릴 린치(Merrill Lynch)[2]만 저를 받아줬어요.

메릴 린치에서의 일은 어땠나요?

저희 팀은 모든 채권을 담당하는 위험 관리 부서에 속해 있었어요. 저는 프롭 데스크[3]라고 은행의 자기자본을 운용하는 리스크가 큰 부서와 CDO[4] 데스크를 맡았습니다. CDO 데스크는 워낙 거래 규모가 커서 관리자급의 다른 동료와 같이, 프롭 데스크는 혼자 처리했어요. 그러다가 CDO 쪽 거품이 팡 터졌죠. 제가 2006년에

2   미국 뉴욕에 본사를 둔 투자은행. 2007년 자산 기준 미국 2위의 투자은행이었으나, 서브프라임 모기지 사태로 뱅크 오브 아메리카에 2008년 9월 14일에 합병되었다.

3   prop (proprietary) desk, 증권사 자기매매 데스크.

4   collateralized debt obligation, 부채 담보부 증권. 회사채나 금융기관의 대출 채권, 자산담보부증권(ABS)이나 주택저당증권(MBS) 등을 묶어 만든 유동화 채권으로 신용파생상품의 일종. CDO는 2006년 미국 등에서 1조 달러(당시 환율로 약 917조 원) 어치가 발행될 정도로 큰 인기를 얻었다. 그러나 서브프라임 모기지 사태가 불거진 후 채권 가격이 폭락하면서 주요 금융회사 등 투자자들이 큰 손해를 입었다.

입사했고 2007년에 대규모 부도 사태가 났으니, 딱 1년 만에 벌어진 일이었어요.

그즈음 미국발 국제 금융위기를 생생히 목격했겠어요.

제가 들어갔을 때부터 그런 전조가 보였어요. CDO는 쉽게 말해서 고위험 고수익 채권부터 저위험 저수익 채권까지 합쳐서 다시 쪼개어 파는 상품이에요. 이 상품은 전체가 다 팔려야 은행에서 수수료를 받도록 짜여 있고요. 고수익, 고위험 채권은 잘 팔리는데 오히려 수익은 적지만 안전한 채권이 잘 팔리지 않았어요. 그래서 은행이 자기자본으로 그걸 계속 사들였죠. 문제는 그 단위가 수백억 달러여서, 언제 터질지 모르는 폭탄이 계속 쌓이고 있었습니다. 어느 날 상사에게 물어봤어요. "우리가 이걸 이렇게 사도 돼?" 다들 부도가 나지는 않을 거라 여기며 계속 승인했어요. 하지만 결국 부도가 났죠. 사실상 진짜 현금 없이 이론적인 가격을 계산해 거래해오다가, 은행의 자본구조가 갑자기 부실해졌습니다. 이게 2007~2008년 금융위기의 핵심이에요.

자본에 대한 탐욕이 결국 폭탄을 터뜨렸군요.

돈을 벌자고 뭉치던 사람들이 그 사태 후에는 서로 책임을 전가하며 비난하기 시작했어요. 나중에 팀끼리 싸웠고, 결과적으로 저희 부서 최상급자가 사임했어요. 다른 부서는 그나마 돈을 벌어오는 곳이고, 저희는 위험을 관리하는 부서였으니까요. 2008년 뱅크 오브 아메리카[5]가 메릴 린치를 인수하면서 상황은 더 악화되었습니다. 처음에는 그저 사람에게 실망하는 정도였는데, 어느 순간 선택을 내려야 했어요. 저 진흙탕 싸움에서 살아남기 위해 저도 같이 굴러야 할지, 아니면 어차피 이 분야를 좋아하는 것도 아닌데 다른 분야를 찾을지.

저는 사람이라면 누구나 똑똑하다고 생각합니다. 다만, 자신의 똑똑함이 발휘되는 분야가 따로 있어요. 증권사에서 처음 일할 때부터 금융은 제게 그런 분야가 아니었어요. 돈 얘기만 하면 머리가 잘 굴러가지 않았거든요. 어떻게 저런 생각을 하나 싶을 정도로 수익성이 높은 상품 구조를 잘 계산하는 동료들을 보면서 그들의 타고난 능력을 교육만으로 따라잡기 어렵다는 걸 느꼈어요.

5 　　　Bank of America. 미국의 상업은행 및 투자은행. 민영은행으로 자산 부문에서 미국에서 두 번째로 큰 지주회사다. 메릴 린치를 인수해 '뱅크 오브 아메리카 메릴 린치'로 영업하다가 2019년 브랜드를 재정비하면서 공식 명칭을 '뱅크 오브 아메리카'로 환원했다. 현재 투자은행 부문은 'BofA 시큐리티스(BofA Securities)'로, 개인자산관리 부문은 '메릴(Merrill)'로 리브랜딩했다.

헤이조이스(HeyJoyce) 블로그, '월가의
금융인이 합정동 요리사가 되기까지'
(2019.8.25)

"좋은 기회가 찾아왔을 때는 더욱
결정을 빨리 내리는 편이에요. 다만
결정하기 전에 꼭 고민해보는 게 하나
있어요. 이 선택을 했을 때 생기는
리스크를 내가 감당할 수 있을까?"

주방에는 완벽주의자가 모여 있다

어쩌다 요리에 관심을 갖게 되었나요?

사내 식당에서 위생모를 쓰고 오믈렛을 만들어주는 아주머니들을 보면서 부러워했어요. 당시 회사에서의 일상이 너무 괴로웠는데, 어쩌면 우리에게 요리를 해주는 모습에서 제가 살고 싶은 방식을 찾으려고 한 것 같아요. '그래, 오믈렛 하나를 만들더라도 이렇게 정성껏 만들어내는 식당에서 일하는 요리사가 되자'라고 생각했어요. 마침 금융위기 직후라 다들 몸을 사릴 때였어요. CDO 부서는 거의 1년 동안 거래가 없었고, 수백억 달러씩 거래하던 프롭 데스크의 트레이더도 1~2백만 달러 규모로 조심스럽게 움직였으니 저희도 별

일거리가 없었어요. 오후 4시에 장이 끝나고, 5시면 바로 퇴근할 수 있었죠. 뉴욕 요리학교인 프렌치 컬리너리 인스티튜트(French Culinary Institute, 현 ICC)[6]를 야간으로 등록하고, 주말에는 레스토랑 일을 시작했어요.

어디서 새로운 경력을 쌓았는지 궁금해지네요.

토요일에는 프로방스식 프랑스 요리를 하는 알레그레띠(Allegretti), 일요일에는 맨해튼 미드타운에 있는 스웨덴 레스토랑 아쿠아빗(Aquavit)[7]에서 일했어요. 요리학교를 졸업할 즈음 그래머시 태번(Gramercy Tavern)[8]에 면접까지 마치고 들어가기로 했는데, 그쪽 사정으로 채용이 취소되었어요. 고민하던 차에 학교를 통해 트라이베카에 있는

6   뉴욕 맨해튼 소호에 본사를 둔 사립 요리학교. 시작은 프랑스 요리 연구소로 설립되었지만 현재는 ICC(International Culinary Center, 국제요리센터)로 불리며 요리 전반에 대한 교육을 실시한다. 이곳을 졸업한 유명 셰프로 댄 바버, 데이비드 장, 보비 플레이 등이 있다.

7   뉴욕의 미쉐린 2스타 레스토랑. 스톡홀름의 레스토랑을 콘셉트로 삼아 시작했으며, 제철 식재료를 사용한 노르딕 퀴진을 내놓고 있다.

8   1994년 6월에 시작한 뉴욕의 미쉐린 1스타 레스토랑. 뉴 아메리칸 퀴진을 선보이는 곳으로 레스토랑 전문 경영인이자 쉐이크쉑(Shake Shack)의 창립자 대니 마이어(Danny Meyer)의 레스토랑들 중 하나. 매년 뉴요커들이 가장 사랑하는 식당으로 꼽힌다.

코르통(Corton)⁹에서 사람을 구한다는 소식을 듣고는 바로 지원했어요. 나중에 듣고 보니 코르통이 그동안 사람을 뽑기 어려웠던 이유가 있었더군요. 요리 경력이 좀 있는 업계 사람이라면 누구든 그곳의 폴 리브란트(Paul Liebrandt)¹⁰ 셰프가 몹시 괴팍한 사람이라는 사실을 알았던 거죠. 그런데 희한하게도 저는 폴과 합이 꽤 잘 맞았어요. 그 식당에서 매우 재미있게 일했고, 그 후 코르통이 제 커리어의 열쇠 역할을 해줬어요. 코르통이 미쉐린 2스타 레스토랑인 점도 있지만, 폴이 이끄는 주방에서 그리 힘들지 않게 일을 해냈다는 점만으로 어디든 취직이 되더라고요.

다른 인터뷰에서도 "열정을 쏟아붓는 셰프를 만나게 되어 많이 배울 수 있었다"라고 말했어요. 폴 리브란트 셰프의 어떤 점이 특별했나요?

제가 경험한 파인 다이닝 업계 셰프의 대부분은

9   현재는 영업하지 않는 뉴욕의 미쉐린 2스타 레스토랑. 부르고뉴의 포도 생산지 이름을 따온 곳으로 전통적인 프랑스 퀴진에 현대적 기법을 더한 음식을 선보였다. 《뉴욕타임스》 평가에서 별 세 개를 받았지만 폴 리브란트 셰프가 이곳을 떠나며 2013년 6월에 문을 닫았다.

10   짐바브웨 태생의 영국인으로 현대 프랑스 요리 전문 셰프이자 식당 경영인. 뉴욕 코르통 레스토랑의 공동 운영자였으며 창의적이고 대담한 요리 스타일로 주목받았다. 코르통을 오픈하기 전 뉴욕의 유명 레스토랑인 아틀라스(Atlas), 파피용(Papillon), 길트(Gilt) 등에서 경력을 쌓았으며 2011년에는 <A Matter of Taste>라는 요리 다큐멘터리에 주연으로 출연했다.

10대 후반부터 주방에서 일을 시작해요. 그들에게는 기본적으로 장인정신이 있죠. 그래서 셰프를 일종의 기술직으로 봐도 무방해요. 셰프로서 여기서 한 단계 더 나아가려면 예술가가 되어야 하고, 거기서 한 단계 더 도약하려면 사회운동가 기질이 있어야 한다고 생각해요. 폴이 좋은 리더는 아니었지만 그는 대신 완벽주의 예술가에 가까울 정도로 전위적인 사람이었고, 저는 그 카리스마가 좋았어요. 물론 그를 어려워하거나 '사이코'라고 욕하는 동료들도 많았고요.

폴의 독특한 특징 중 하나가 하루에 한 명씩 정해서 혼내는 거예요. 하루는 제 차례였죠. 늘 하던 대로 망고를 다듬으며 밑 작업을 했는데, "이렇게 많이 남기면 안 돼!"라고 하는 등 유독 제가 하는 모든 걸 트집 잡더라고요. 젊은 요리사라면 주눅 들거나 셰프 흉을 봤을 텐데 저는 '오늘은 나를 본보기로 혼내는 날이구나'라고 생각했어요. 그날 저녁에 일을 마치고, 폴의 사무실로 찾아갔죠.

그도 놀랐겠네요.

폴을 찾아가 "오늘 네가 원하는 만큼 내가 일을 완벽하게 못 한 것 같아 미안해. 앞으로도 개선해야 할 게 있으면 언제든 얘기해줘"라고 했더니 그가 놀라긴 했죠. 이렇게 말하는 사람이 처음이었나 봐요. 그 후로 폴과 더

친해졌어요.

부정적인 피드백에 대범하게 대처해서 호감을 얻었네요. 다른 셰프처럼 10대 후반부터 주방에서 일을 시작해온 사람이라면, 이렇게 긍정적으로 대응하지는 못했을 것 같아요.

맞아요. 제 눈에는 그 구조가 보였고 폴이 다른 셰프를 어떻게 훈련시키는지 알고 있었으니까요. 모든 주방이 코르통과 같은 분위기는 아니지만, 저는 이곳을 기준으로 훈련이 되어 있어서 그 후 다른 레스토랑에서는 편하게 일했어요. 미쉐린 2스타 정도 되는 주방에는 완벽주의자들만 모여 있어요. 남에게 보이기 위한 완벽주의가 아니라 스스로에 대한 완벽주의죠. 레스토랑 청소도 항상 2시간씩 꼼꼼하게 하고요. 그동안 증권사에서 얼렁뚱땅 일하는 사람들만 보다가 주방에서는 아무도 신경 쓰지 않을 것 같은, 이를테면 허브 하나도 접시의 어디에 놓는 게 가장 아름다울지 고민하는 모습을 보는 게 좋았어요.

와인 소믈리에로도 일했다고 들었어요.

언젠가 식당을 열고 싶었기 때문에 레스토랑의 주방뿐 아니라 접객 부서도 경험하고자 했어요. 마침 와인에 관심이 있어서 코트 오브 마스터 소믈리에(CMS)[11]라는 영국의 인증 단체에서 정한 2단계 과정을 마쳤고요. 워싱턴 D.C.에 있는 미니바 바이 호세 안드레스[12]의 프런트 오브 하우스의 캡틴(Captain)[13] 겸 플로어 소믈리에(Floor sommelier)를 거쳐, 귀국 전에 마지막으로 뉴욕 트라이베카에 있는 아테라[14]에서 어시스턴트 소믈리에로 일했어요.

11   The Court of Master Sommeliers. 소믈리에 자격을 심사하는 세계 최고 인증 기관으로 1977년에 호텔과 레스토랑 음료 서비스의 품질 기준 장려를 위해 세워졌다. CMS 프로그램과 시험은 제품 및 시음 능력 외에도 서비스 기술, 생산자, 빈티지 등급 분별 등의 지식에 중점을 둔다. 입문 과정인 1단계부터 마스터로 인정하는 4단계까지 있으며 유럽, 오세아니아, 아시아, 아메리카 전역에서 정기적으로 시행된다.

12   minibar by José Andrés. 워싱턴 D.C.에 위치한 미쉐린 2스타 레스토랑. 전위적인 요리를 내세우는 곳으로 모든 감각을 자극할 수 있는 음식을 내놓는다. 도전적인 요리를 하는 레스토랑답게 손님이 셰프의 요리 모습을 자리에 앉아 지켜볼 수 있도록 설계되었다.

13   레스토랑에서 'front of the house'는 접객 부서를, 'back of the house'는 주방을 말한다. 캡틴은 접객 부서 내 작은 그룹의 팀장 역할을 한다.

14   Atera. 뉴욕의 미쉐린 2스타 레스토랑. 제철 재료에 따른 메뉴를 선보인다.

그리는 그림에 맞는 방향으로 나아간다

식당을 운영하는 데 필요한 모든 역할을 거쳤군요. 그런데 한국에 돌아와서 바로 목금토 식탁을 열진 않았잖아요.

2015년, 남편을 따라 한국에 돌아오기로 마음을 먹었을 때 친구 중 한 명이 이태원 경리단길에 조그만 식당을 준비 중이었어요. 그 일을 도와주면서 한국의 현실을 깨달았습니다. 미국에서도 워낙 높은 수준의 레스토랑에서 일했으니 그 경험과 비교하기엔 무리겠지만, 상대적으로 다이닝 문화를 대하는 태도나 재료 수급 등 여러 조건이 제가 원하는 걸 실현하기 어렵겠더라고요. 반년 정도 식당 일을 도와주다가 그만두고, 다시 반년 동안 우울의 바닥을 기다가 와인 관련 앱을 만드는 회사에 들어갔어요. 앱을 만드는 일도 쉽지는 않더라고요. 그렇게 3년 정도가 지나니 신기하게도 한국에 적응했어요. (웃음) 이제 한국에 뭐가 있고 뭐가 없는지, 사람들이 뭘 좋아하고 뭘 싫어하는지 알겠더라고요. 그리고는 2018년 8월에 회사를 나왔어요.

3년이라는 시간이 새로운 사업을 열기 전에 완충 지대 역할을 했네요. 그럼 목금토 식탁을 열면서 중요하게 고려한 부분은 무엇인가요?

이 공간에 온 사람들이 친구 집에 온 것 같은 편안함을 느끼면 좋겠다고 생각했어요. 또 요리가 어렵지 않다는 걸 알리고 싶었고요. 그래서 요리 과정은 요리를 전혀 못하는 분도 할 수 있도록 고려했어요. 가령 파스타를 만들기 위해 생면을 뽑는 일도 어렵지 않아요. 밀가루와 달걀, 올리브 오일만 있으면 되거든요. 아늑한 느낌의 인테리어 공간을 꾸미는 것도 의미 있지만, 무엇보다 이곳에서 음식을 함께 만드는 행위, 사람들과 대화하는 분위기를 더 중요하게 생각했습니다. 제가 뉴욕에서 요리학교를 등록하기 전에 요리 수업도 많이 들으러 다녔는데, 그때 기억이 좋았거든요.

목, 금, 토의 일정에 대해 얘기해줄 수 있을까요?

주방은 정직한 공간입니다　　　　　　　　　　　　　　**91**

우선 오전 8시 반에 일어나 커피를 마시면서 잠을 깨요. 9시부터 10시까지는 메일을 확인하고, 몇 가지 사무를 챙겨요. 2주에 한 번씩 메뉴를 바꾸니까 그날그날 장 봐야 하는 목록을 정리하고 당일 모임을 취소한 사람이 있는지도 확인하죠. 전날 모임이 있었다면, 세탁한 앞치마를 다리기도 하고요. 그리고 오전 10시에 이마트에서 장을 봅니다. 몇몇 허브는 그때 가야 구할 수 있거든요. 장을 모두 봐서 다시 여기로 오면 오전 11시에서 정오 사이예요. 간단히 점심을 먹고, 서너 시간 정도는 약간 정신 나간 사람처럼 일을 합니다. (웃음) 그즈음 준비를 많이 해놓아야 마음이 놓이더라고요. 오후 3시쯤에 밑 작업을 어느 정도 끝내고 오후 5시까지는 세부적인 사항들을 챙겨요. 식재료를 어디에 미리 담는다든지 등. 그 후에 정리도 좀 해놓고, 틈틈이 화분에 물도 줘요.

함께 음식을 만드는 모임은 오후 7시 30분부터 오후 10시까지 진행되어요. 그날그날 분위기에 따라 늦게 마치는 날은 새벽 1시에 끝날 때도 있고요. 제가 코르통에서 2시간씩 청소하던 버릇이 아직까지 있어서, 청소까지 다 마무리하고 귀가하면 대개 새벽 1시 정도예요. 다행히 남편이 앞치마 빨래나 다림질, 장보는 일도 많이 도와주고 있어요. 그래서 제게 "어디 가서 1인 기업이라고 하지 마, 2인 기업이야"라고 해요. (웃음)

최유미, '목금토 식탁 이선용 대표 인터뷰 –
"숫자로만 세상을 보다, 손으로 만들어가는
즐거움을 알게 되었죠."'(«크라프츠
(Krafts) 매거진», 2019 Vol.6)

목금토 식탁의 정원은 여섯 명이다.
이 여섯 명은 항상 새로운 조합으로
이루어진다. 친구들끼리 신청하거나,
서로 전혀 모르는 조합이 구성되기도
한다. 아무래도 한국 정서상
타인끼리 테이블에 모이게 되면
처음에는 서먹서먹하다. 그래도
식사가 끝나갈 때에는 신기하게도 다
함께 웃고 즐기게 된단다. 음식이
다 만들어지면, 식탁 세팅을 하고
다 같이 둘러앉아 먹는다. 플레이팅
된 그릇들은 모두 이 대표가 직접
만든 도자기들이다.

다른 요일에는 주로 무얼 하나요?

계절에 따라 조금씩 다르지만, 요즘은 월요일,
수요일마다 북촌에 있는 도자기 공방에 갑니다. 목금토
식탁에서 쓰는 도자기는 대부분 제가 직접 만든 거예요.
화요일에는 사람들을 만나려고 하고요. 여전히 목금토
식탁의 시스템을 잡아가는 중이에요. 제 삶의 균형도
온전히 잡히지 않았거든요. 원래는 일요일과 월요일에
아무도 만나지 않고 무조건 쉬려고 했어요. 화요일이나
수요일 중 하루는 책을 읽고 레시피도 연구하는 게
원칙이었는데 뜻대로 잘되지 않더군요. (웃음) 웬만하면
그렇게 맞춰보려고 노력 중이에요.

반복되는 최소 단위의 일과 중에 어떤 것에 가장 애착을 가지는지
궁금해요.

다 좋아하는 편이지만, 특히 청소를 좋아해요.
지저분했던 것들을 싹 치우고 나갈 때의 뿌듯함이
있거든요. 요즘은 식물 키우는 재미에 빠졌습니다.
미국에서 남편과 떨어져 사는 동안 외로워서 식물을 키운
적이 있어요. 그때 증권사에 입사하자마자 샀던 화초가
나중에 더 자라나 분갈이를 하고 두 개로 늘었거든요.
이 공간도 평소에는 저 혼자 있어서 식물을 한두 개씩

다시 키우기 시작했는데, 무언의 생명체가 건네는 메시지를 읽는 즐거움이 있어요. 저처럼 혼자서도 시끄러운 사람에게 반대의 에너지를 주는 아이 같아요. 목요일쯤 모임 준비를 하다가 건너편 꽃집에 들러 꽃을 사 오기도 하고요.

당신처럼 요리 분야로 커리어를 전환하려는 사람들이 꼭 신경 쓰고 배워야 할 게 있을까요?

가끔 비슷한 질문을 받을 때가 있어요. 그럴 때마다 그들이 일하려는 곳이 레스토랑이든 쿠킹스튜디오든 몇 개월 동안 아르바이트라도 해보고 결정하라고 조언해요. 육체적으로 힘든 직업이거든요. 그리고 이 분야에 환상을 가지는 분도 많은데요. 그 환상이 나쁘지는 않다고 생각해요. 저도 환상을 가지고 요리학교에 등록했잖아요. 무언가 시작한다는 건 좋은 일이에요. 스스로를 테스트해봐야죠. 내 몸이 잘 견디는지 봐야 하고, 내가 남보다 잘할 수 있는지 확인하는 일도 중요합니다.

금융업에 종사할 때 배운 것도 도움이 되지 않았을까요?

그럼요. 제가 아까 돈을 어떻게 벌어야 하는지 계산이 빠르게 돌아가지 않는다고 말했지만, 어디까지나 업계의 뛰어난 사람보다 상대적으로 못하다는 의미였어요. 메릴 린치에 처음 출근했던 날, 트레이딩 데스크의 화면 보호기에 떠 있던 'a performance-based culture'라는 문구를 보고 섬찟해하던 기억이 나요. 당신이 회사에 돈을 벌어준 만큼 대우하겠다는 의미로 다가왔죠. 이게 전형적인 미국식 자본주의거든요.

어쨌든 저는 경영학부를 졸업하고 금융업에서 일한 경력이 있기 때문에 장을 볼 때도 자동으로 계산이 되어요. '오늘은 얼마를 벌겠구나'라는 식으로 그날의 매출과 비용, 원가율을 계산하도록 훈련되어 있는 거죠. 가끔 원가율도 고려하지 않는 셰프들을 보면 걱정이 될 때도 있어요. 셰프뿐 아니라 1인 기업을 창업할 생각이 있는 분이라면 기본적으로 기업의 재무제표를 보거나 손익계산서를 작성하는 법, 세무 지식 등은 필수라고 생각합니다. 아니면 그런 지식이 있는 사람과 파트너를 맺어야죠.

앞으로 확장하고 싶은 영역이 있나요?

당장은 목금토 식탁을 잘 운영하는 게 첫 번째 목표지만, 언젠가 식당도 열어보고 싶어요. 아마도 커리집을 열지 않을까 싶어요. 5~6년 후가 될지도 모르죠. 제가 이런 말을 하면 사람들이 목금토 식탁 열

때랑 똑같이 반응하더라고요. "그게 되겠어?" 그런데 자신이 좋아하는 일을 벌이면 그걸 좋아하는 사람들이 어디선가 모이잖아요. 패스트푸드처럼 보이지만 제대로 정성스럽게 만들어 한 그릇에 담고, 적당한 가격에 팔 수 있는 건강한 요리, 그게 저에겐 커리예요.

인생의 실패 경험 덕에 정체성을 확립하다

어릴 적부터 다양한 분야에 관심이 많은 편이었나요?

스스로 ADHD[15]인가, 싶을 정도로 하나에 집중을
못했어요. 어려서부터 피아노, 바이올린, 태권도, 수영,
미술 등을 다 경험했는데 끝까지 간 게 하나도 없어요.
다행히 부모님은 제가 배우고 싶은 걸 다 지원해주는
분이었어요. 그러다가 제가 싫증 내면 "그럼 하지 마!
스트레스받으면서까지 할 필요 없어"라고 하셨죠.
지금도 제가 스트레스를 받으면 그 일을 그만두기 전에
'내가 지금 하면 안 될 일을
하고 있나?'라는 의문부터
가져요. 제가 견뎌야 하는

15   attention deficit
hyperactivity disorder. 주의력
결핍 및 과잉행동장애.

스트레스라면 이겨내려고 노력하지만, 아무리 해도
안 되는 일 때문에 스트레스를 받는 것 같으면 쉽게
포기하는 편이에요. 이런 성향을 보면 부모님의 영향이
크다고 생각해요.

실패한 경험도 있나요?

대학생 때 아제르바이잔에서 1년 동안 머물며 난민
캠프 일을 도와준 적이 있어요. 당시 한국도 미국처럼
기독교인을 중심으로 단기 선교가 붐이었어요. 그곳에서
선교사 일을 도우며 현지 사람과 함께 지내야 했는데,
살면서 처음으로 제 자아가 전혀 발현하지 못하는 환경에
있음을 깨달았어요. 20년 가까이 나라는 존재를 굳이
설명할 필요가 없는 한국에서 유치원, 중, 고등학교를
거쳐 자라왔는데, 거기서는 말도 통하지 않고 심지어
그들이 왜 웃는지조차 이해를 못 했으니까요. 그래서
숙소로 오는 길에 혼자 눈물을 뚝뚝 흘렸던 기억이 나요.
아제르바이잔에서 보낸 시간 덕분에 내 진짜 모습이
무엇인지 고민할 수 있었어요. 그러면서 '남이 바라보는
나'와 '스스로 믿는 나'를 분리할 수 있게 되었습니다.

그렇게 힘들었으면 중간에 돌아오면 되잖아요. 1년을 버틴
건가요?

그러게요, 왜 돌아올 생각을 못했을까요? 일종의 갭이어 (gap year)[16]라고 생각해요. 금융권에서 일할 때 남들이 돈에 휘둘리는 걸 봐도 저는 제 중심을 지킬 수 있었어요. '저 사람은 돈이 제일 중요할 수 있겠지만, 난 그렇지 않아.' 지금도 비슷해요. 제가 만약 남이 바라보는 '셰프'라는 직업을 신경 썼다면, 아마 한국에 와서도 좋은 레스토랑에 들어가서 커리어를 쌓고, 제 업장을 열려고 하지 않았을까요? 저한테 더 중요한 건 사람들이 요리하는 즐거움을 찾도록 해주고, 집에서도 즐겁게 요리할 수 있도록 돕는 일이에요. 목금토 식탁을 만든 이유기도 하고요. 남들이 나를 어떻게 보느냐는 저에게 그리 중요하지 않더라고요.

뉴욕과 워싱턴 D.C.의 레스토랑에서 경력을 쌓고, 서울에서 목금토 식탁을 연 지 1년이 되어가는데요. 직접 경험한 셰프라는 직업의 매력은 무엇인가요?

저에게 주방은 참 정직한 곳이고, 팀워크가 살아 있는 장소예요. 완성된 음식이 나가려면 적어도 한 접시에 요리사 네 명의 작업이 올라가야 하고, 각자의 부분이 1~2초

16   학업을 병행하거나 잠시 중단하고 봉사, 여행, 진로 탐색, 교육, 인턴, 창업 등의 다양한 활동을 직접 체험하면서 이를 바탕으로 향후 자신이 나아갈 방향을 설정하는 기간.

사이에 함께 완성되어야 해요. 도중에 어딘가 잘못되면 모두 다시 처음부터 요리해야 하는 경우도 있죠. 하지만 아무도 뒤처지지 않도록 끊임없이 서로를 살피며 각자의 자리에서 책임을 다하는 팀워크가 제게는 매우 값진 경험이었습니다.

증권사에서 흥미를 느끼지 못한 이유를 떠올려보면, 당시 제 업무가 현실과 동떨어졌다고 생각했기 때문이에요. 차라리 창구에서 개인 고객을 응대하는 일이었다면, 즐거웠을지도 몰라요. 기업 금융은 취급하는 돈의 단위부터가 수십억 수백억 달러로 크니까, 그게 실제로 어느 정도인지 가늠도 안 되었고요. 증권사에서 여러 일을 겪으면서 사람들이 일을 제대로 하고 있는 건지 불분명하기도 했고, 서로 비난만 하는 모습에서 크게 실망하던 때였는데 그런 회사와는 달리 주방은 매 순간, 각자의 위치에서 최선을 다하는지 아닌지가 즉각적으로 드러나는 정직한 공간이었습니다. 음식을 차가운 마음으로 만들었는지 정성을 다해 만들었는지가 접시에 온전히 담기는 것도 마음에 들었고요.

일상이 점점 바빠지면서 간편식을 선호하는 사람도 늘고 있는데요. 요리가 주는 효용이 있을까요?

모든 공정이 점점 자동화되는 시대에 나를 위하는

원초적 행위가 요리라고 생각해요. 제가 식당이 아닌 쿠킹 스튜디오부터 시작한 것도 사람들이 직접 요리를 하면 좋겠다는 마음 때문이었어요. 금융 회사 생활이 재미없을 때, 힘들어 죽겠는데 친구들을 집으로 초대해 요리를 대접하곤 했어요. 그들이 맛있게 먹는 걸 보면 기분이 나아지더군요. 요리는 그만큼 저에게 '치유'의 효용이 있었습니다. 요리는 자기를 위한 큰 실천이라고 생각해요.

이선용은 1977년 미국 뉴저지주에서 태어났다. 이화여대 경영학부를 졸업하고, BNP 파리바 페레그린의 증권 분석팀에서 사회생활을 시작했다.

—

뉴욕대학(NYU)에서 MBA를 마친 그는 곧바로 뉴욕의 대형 증권사인 메릴 린치에 들어가 채권, 위험 관리 부서에서 일하며 2008년 미국발 국제 금융위기를 가까이서 지켜봤다. 평생 즐겁게 할 수 있는 일을 고민하며 직장생활을 하던 중, 뉴욕 요리학교인 프렌치 컬리너리 인스티튜트에 등록했고 수석으로 졸업했다.

—

미쉐린 2스타 파인 다이닝 레스토랑 아쿠아빗, 코르통 등에서 요리사로, 미니바 바이 호세 안드레스, 아테라에서 소믈리에로 근무했다.

—

2015년 귀국했고, 2018년 11월 1일부터 함께 요리하고 음식과 와인을 나누는 요리하는 문화공간 '목금토 식탁'을 합정동에서 운영 중이다.

—

instagram @mokumto

이선용
Vera Lee

"

목금토 식탁을 준비할 때 디자이너가 1950년대
빈티지 가구를 하나 찾았다며 지금의 6인용 테이블을
추천했어요. 좀 더 고민해보겠다고 하고 그날 밤
TV를 틀었는데 마침 영화 ‹노팅힐(Notting Hill)›이
나오더군요. 극 중 주인공인 줄리아 로버츠가
휴 그랜트의 친구 집에 초대받아 함께 저녁을 먹고,
마지막 브라우니를 누가 차지하는지 각자 사연을
나누는 유명한 장면이 있는데, 그 테이블에 딱 여섯
명이 앉아 있었어요. 바로 제가 목금토 식탁에서
원하는 장면이라는 생각이 들었습니다. 그 신이 제게
영감을 줬다고 할 수 있어요. 뭔가 구체적인 상을
보여줬으니까요.

”

Dan
Barber

댄 바버

New York

03

댄 바버는 미국의 유명 셰프이자 식문화 활동가다. 뉴욕의 대표
(Blue Hill at Stone Barns)를 공동 운영하고 있으며, '팜 투 테
미래를 지키고자 활동가로서 수많은 강연을 통해 메시지를 전파
라고 말하며, 아이나 어른 구별 없이 우리 모두가 좋은 식재료를

주의 레스토랑인 블루 힐(Blue Hill)과 블루 힐 앳 스톤 반스

구자', '위대한 셰프', '셰프의 셰프'로 불린다. 전 세계 식문화의

그는 스스로를 "여전히 맛있는 음식을 만들고 싶어 하는 셰프"

있는 권리를 요구하고, 이해하고, 배워야 한다고 강조한다.

결국 좋은 음식에 대한 이야기로 귀결됩니다

뉴욕 그리니치빌리지 블루 힐 레스토랑,
2019년 11월 18일 오후 2시

우리는 토양은 물론 서식지까지 망치고 있다

안녕하세요. (인터뷰는 약속보다 9분 늦게 시작되었다.)

> 딸아이가 친구 파티에 가는 걸 데려다주느라
> 늦었습니다. (인터뷰어가 병에 든 물을 컵에 따라 마시는
> 것을 보더니) 아, 병에 든 물을 마시게 해서 미안해요.
> 레스토랑 안에 정수 장치가 별도로 있어서 물맛이 정말
> 좋은데 지금 고장났거든요. 우리는 물도 까다롭게
> 다루기 때문에 담당자 한 명이 물에 대한 모든 것을
> 관리해요. 요즘 그 사람과 시간 맞추기가 힘드네요.

별말씀을요. 평소 하루 일정이 어떻게 되나요?

월요일과 화요일은 이곳, 블루 힐[1]로 출근합니다. 블루 힐 앳 스톤 반스(이하 스톤 반스)[2]는 이때 문을 닫거든요. 아침에 두 아이를 학교에 바래다주고, 여기로 출근해 업무를 점검합니다. 오후에는 아이들 하고 때 함께 귀가해 집에서 개인 용무를 보다가 레스토랑으로 복귀해요. 그리고 집에서 가족과 함께 저녁식사를 한 후 다시 레스토랑으로 나와 1~2시간 동안 일을 봅니다.

여전히 주방 업무를 직접 관리하나 봐요.

그럼요. 아까 말했듯이 월, 화는 블루 힐에 있고 수요일부터 일요일까지는 스톤 반스로 출근합니다. 일요일에는 온 가족이 함께 가요. 아침 8시쯤 출발해 스톤 반스에서 점심 식사를 함께하고, 오후 4시쯤 가족들은 먼저 귀가하죠. 가끔 같이 들어갈 때도

1   뉴욕 그리니치빌리지(Greenwich Village)에 위치한 레스토랑. 스톤 반스 음식농업센터(Stone Barns Center for Food and Agriculture)에서 재료를 공급받는다. 미쉐린 1스타 레스토랑으로 2009년에 오바마 전 대통령과 부인 미셸 오바마가 다녀간 곳으로도 유명하다.

2   록펠러 가문의 데이비드 록펠러가 땅을 기증하고, 헛간을 교육 센터로 개조하기 위한 자금을 지원한 스톤 반스 음식농업센터 안에 자리한 레스토랑. 10만여 평에 이르는 목초지에서 키우는 재료를 이용해 요리를 내놓는다. 반경 160킬로미터 이내에서 그날 구한 식재료로만 요리하기 때문에 메뉴판이 따로 없다. 블루 힐 레스토랑에서 북북 방향으로 50킬로미터 떨어진 뉴욕주 태리타운(Tarrytown)에 있다.

있고요.

가장 애착이 가는 일과가 있나요?

아이들을 학교에 데려다 줄 때에요. 스스로도 운전해서 아이들을 데려다주는 시간을 이렇게까지 좋아할 줄은 상상도 못 했죠. 특히 큰딸과 아침 등굣길에 이야기를 나누다 보면, 그 생각이 얼마나 맑고 투명한지 몰라요.

주로 어떤 이야기를 나누는지요.

큰딸은 요즘 자신의 머릿속에 있는 생각들을 얘기해요. 굉장히 세심하고, 똑똑하다는 생각이 들어요. 학교로 가는 길에 그날 스케줄을 전해 듣는 것도 즐겁습니다. 둘째는 아직 어리고요.

아이들 얘기가 나온 김에, 아이들이 좋아하는 레시피는 무엇인지 궁금하네요. 그리고 가장 아끼는 레시피가 있나요?

아끼는 레시피는 따로 없어요. 저희 레스토랑은 많은 요리를 필요로 하지 않아서, 그다지 많은 레시피가 없어요. 물론 제 아이들은 다른 아이들처럼 또래가 즐기는 음식을 찾죠. 예상하실 수 있겠지만, 피자나 햄버거를 좋아해요. (웃음) 먹는 것을 즐기고요.

요즘 특히 주목하는 먹거리가 있나요?

가을철 마지막 수확을 앞두고 있어요. 늦가을은 상당히 신나는 시즌이거든요. 모든 동물들이 본능적으로 겨울을 나려고 몸에 살을 찌우기 때문에 모든 것이 부풀어 올라 있죠. 며칠 전에 아귀를 받았는데 간이 얼마나 크던지. 암소, 꿩이나 돼지도 지금이 최상이에요. 쌀쌀한 낮부터 서리가 내리는 밤 사이 일교차를 극복하려고 동물들이 많이 먹게 되죠. 이러한 동물의 변화에 관심을 쏟고 있어요.

여러 미디어를 통해 뉴욕 허드슨 밸리의 농산물을 자랑스러워한다는 걸 느낄 수 있었는데요. 동부 지역, 특히 허드슨 밸리와 서부 지역 농산물의 가장 큰 차이가 무엇인가요?

다른 점이 무척 많지만 가장 큰 차이는 방금 말한 계절입니다. 서부에는 한겨울 강추위가 없기 때문에 동부처럼 생태계가 회복하고 개선될 수 있는 기회가 없어요. 추위는 생태계에 스트레스를 주고, 이 스트레스가 다양하고 흥미로운 풍미(flavour)를 가져옵니다.

댄 바버, «제3의 식탁(The Third Plate)» 중
'프롤로그', p.35

자연을 기른다는 것은 자연 그대로를
존중한다는 뜻이다. 쉬운 일은
아니다. 자연을 존중한다는 것은 덜
통제한다는 뜻이다. 덜 통제하기
위해서는 어떤 신념이 필요하고
신념은 세계관의 영향을 받는다.
자연 세계를 바꾸고 개선해야 한다고
생각하는가? 아니면 관찰하고
해석해야 할 대상으로 여기는가?
인간은 믿을 수 없을 만큼 복잡하고
미묘한 구조의 일부일 뿐인가 아니면
지휘관인가? 이 책에 등장하는
농부들은 관찰자들이었다. 그들은
귀를 기울였다. 그들은 통제력을
행사하지 않았다.

생태계가 그 스트레스에 어떻게 대응하는지 궁금해지네요.
농장을 운영하는 관점에서는 무엇에 신경 써야 할까요?

농장에 있는 모든 요소의 장점을 이용하되 다시
회생시키는 것이 중요해요. 그러면 동물이나 토양,
곤충까지 모두를 위해 더 좋은 환경을 만들 수 있거든요.
사람들은 땅이 주는 모든 것을 계속 추출하는 방법이
가장 쉽다고 생각해요. 하지만 그런 방식은 한정된 시간
동안만 가능해요. 우리가 환경 속에 있는 모든 영양소를
꺼내 먹기만 해온 것이니까요. 가령 미국을 비롯해 전
세계 일부 지역은 무척 크고 좋은 은행 계좌를 가졌지만,
오랫동안 계속 출금만 해왔어요. 그 점이 현재 가장 큰
문제라 할 수 있습니다. 몇몇 의식 있는 농장들은 단순히
농사를 짓는 것이 아니라 토양은 물론 환경을 개선시키는
방법을 시도하고 있어요.

2019년 10월 30일, 뉴욕시의회에서는 '강제로 먹이를 주입해
키운 거위의 간을 이용한 푸아그라 요리를 2022년부터
금지한다'고 발표했는데요. 이번 금지안은 어떻게 생각하나요?
2008년 테드(TED) 강연에서 당신은 "윤리적인 거위 사육이
가능하다"라고 말했잖아요.

(이번 금지안은) 진짜 문제를 해결하는 데 방해가 될

뿐이에요. 좋은 방향이 아닙니다. 문제의 아주 미세한 부분만을 건드린 것이니까요. 이번 금지안을 자축하는 것은 어리석은 짓이에요. 푸아그라는 못 먹지만, 곡물을 억지로 먹여 키운 소에서 나온 스테이크는 계속 먹잖아요. 소를 그렇게 키우면 환경도 파괴되거든요. 농축산 분야에서 가장 큰 문제는 곡물로 키운 소예요. 전체 문제점의 80~90퍼센트를 차지한다고 볼 수 있어요. 진짜 문제를 해결하고 싶다면 소를 곡물로 키우는 걸 금지시켜야죠. 소는 본래 곡물을 먹지 않아요. 거위에게 곡물을 강제로 먹이지 말아야 하는 것처럼 소에게 역시 강제로 먹이면 안 돼요. 물론 이 외에도 많은 문제가 있지만, 소가 차지하는 부분이 가장 크기 때문에 예로 들었습니다. 우리는 옥수수와 콩의 유전자를 조작하고 그것을 재배해서 토양은 물론 서식지까지 망치고 있어요. 사람들은 그렇게 재배한 것을 별생각 없이 먹고 있고요.

결국 좋은 음식에 대한 이야기로 귀결됩니다

우리 몸에 좋은 것을 더 많이 원해야 한다

2014년에 출간한 《제3의 식탁》[3]에서는 건강한 토양에서 나온 식재료로 차린 '제3의 식탁'을 강조했습니다. 그 후로 또 준비 중인 책이 있나요?

두 번째 책을 쓰고 싶지만 사실 2017년에 씨앗 회사(seed company)를 세워서 본격적으로 운영하고 있어요. 요즘은 남는 시간을 모두 여기에 쓰고 있습니다.

3   댄 바버가 출간한 책. '제3의 식탁'은 대량생산 식품으로 구성된 '제1의 식탁'과 로컬, 유기농 식품으로 차려진 '제2의 식탁'을 뛰어넘는 개념으로 건강한 토양에서 재배된 식재료로 차린 식탁을 의미한다. 책 속에서 댄 바버는 생태계를 훼손시키지 않는 농장을 만들어야 가장 이상적인 식재료를 얻을 수 있다고 설명한다.

지난 9월, #50베스트톡스[4] 연설에서 씨앗 품종을 독점 중인 거대 화학 기업 네 곳을 뉴욕의 도시계획가 로버트 모지스(Robert Moses)[5]에 비유하기도 했는데요. 로우 7 시드(Row 7 Seed)[6]라는 회사를 공동 창립한 배경이 궁금합니다.

지난 10년간 씨앗 품종을 육성하는 과학자들과 대화를 나눴어요. 참 흥미로운 사람들이죠. 이들은 새로운 품종인데 맛도 있는 채소와 곡물을 만들어왔습니다. 그런데 그 개발 과정을 안내해줄 수 있는 적합한 사람들, 예를 들어 셰프와의 대화 통로는 없었어요. 유일하게 대화를 나누는 곳이 월마트(Walmart) 같은 대형 식품업체였죠. 대기업은 맛보다는 수확률이나 유통기간, 장거리 운송 가능 여부, 크기, 색깔 등을 더 신경 쓰죠.

4   영국 윌리엄 리드 비즈니스 미디어가 선정하는 월드 베스트 레스토랑 50에서 주최하는 행사. 최신 미식 트렌드와 세계적 셰프의 이야기를 들을 수 있다.

5   지금의 뉴욕과 롱아일랜드 도시 경관을 만든 1888년 태생의 도시 계획가. 대중교통보다 고속도로를 선호하는 그는 다수의 고속도로와 대교를 계획했으며 당대의 미국 건축가, 도시 계획가, 엔지니어 등에게 큰 영향을 끼쳤다. 그는 스스로를 '코디네이터'라고 불렸으며, 미디어는 그를 '마스터 빌더'라고 칭했다.

6   오늘날 전 세계 종자 시장의 60퍼센트 이상을 바이엘(Bayer), 코르테바(Corteva), 켐차이나(ChemChina), 바스프(BASF) 단 네 개의 화학 기업이 차지하고 있다. 댄 바버는 이에 반기를 들고 2017년 로우 7 시드라는 회사를 공동 창립했다.

결국 좋은 음식에 대한 이야기로 귀결됩니다

과학자들과 대화를 나누면서 다양한 씨앗 품종 개발의 필요성을 인지하게 되었습니다. 그때까지 저는 예전부터 가보처럼 전해 내려오는 오래된 씨앗들에만 집중했거든요. 오래된 씨앗을 재배하면 맛은 있지만, (현대 토양에 적합하지 않아서) 수확률은 떨어져요. 그래서 가격이 높아지는 게 문제였어요. 우리 같은 레스토랑이야 고가의 음식을 판매하니까 상관없지만, 널리 보급하기는 어려웠죠. 이처럼 사람들은 맛있지만 비싼 옛 씨앗과 맛은 없지만 저렴한 최신 씨앗 사이에서 선택해야만 했어요. 하지만 이제는 중간 접점이 생기면서 그럴 필요가 없어졌습니다. 흥미롭게도 현대 기술을 활용해 옛 씨앗 유전자를 가져와서 맛있고 건강에 좋으며 환경 적응도 잘하는 채소와 곡물을 만들 수 있게 된 것이죠.

사실 그렇게 어려운 일은 아닙니다. 원하는 부분만을 선택해 개발하도록 업계 사람들이 요구해야죠. 수확량이 줄어들지는 않지만, 일부 씨앗은 이 과정에서 크기나 색깔이 달라질 수 있습니다. 맛을 가장 중요하게 꼽는다면, 당연한 선택이 될 거예요. 그래서 이 회사를 시작했어요. 저희 회사가 종자를 개발할 때 가장 최우선으로 두는 사항은 '풍미'입니다.

댄 바버(Dan Barber), '음식에 구원을,
씨앗에 자유를(Save Our Food, Free the
Seed)' (《뉴욕타임스》 2019.6.7)

불과 50년 전에는 1000여 곳의
소규모 가족 소유 종자 회사가
미국에서 씨앗을 생산하고 유통했다.
그 숫자는 2009년까지 100곳
미만으로 줄어들었다. (…) (씨앗의
다양성을 지키고자 한다면) 우리의
지원 이상의, 인간이 지난 수천
년 동안 씨앗을 가꿔온 것과 같은
수준의 참여가 필요하다. 상품이
아니라 보편적 문화로서의 씨앗,
소프트웨어가 아니라 살아 있는
생명 시스템으로서의 씨앗, 새로운
음식 혁명의 원천으로서 씨앗을
대해야 한다.

소개할 만한 특정 품종이 있을까요?

혹시 허니넛 스쿼시(honeynut squash)[7]를 먹어본 적이 있나요? 버터넛 스쿼시(butternut squash)를 축소한 건데요….

본 적은 있는데 먹어보진 못했습니다.

(허니넛 스쿼시는) 씨앗 회사를 함께 시작한 마이클 매조렉(Michael Mazourek)[8]과 공동으로 개발한 품종이에요. 회사 시작 전부터 개발해서, 허니넛 스쿼시 덕분에 회사를 설립하게 되었어요. 얼마나 반응이 좋은지 직접 확인할 수 있었으니까요. 이제 뉴욕 주, 텍사스 주, 미시간 주, 캘리포니아 주 등 전국적으로 재배되고 있고, 코스트코(Costco)와 홀 푸드 마켓(Whole Foods Market), 트레이더 조(Trader Joe's)뿐 아니라

7   2009년 댄 바버가 씨앗 품종 육성자와 함께 개발한 새로운 호박 품종. 일반 버터넛 스쿼시보다 크기는 작아졌지만, 단맛이 더 진하고 영양소도 높다. 2015년부터 미국의 일반 슈퍼마켓에서도 판매하기 시작했다. 넷플릭스 〈셰프의 테이블〉 시즌 1 중 '댄 바버' 편에서 허니넛 스쿼시의 개발 과정을 다뤘다.

8   코넬 대학교 식물유전학 부교수이자 식물 육종가. 댄 바버와 함께 10년 동안 맛의 스펙트럼을 확장할 수 있는 새로운 농작물을 개발해왔다. 로우 7 시드에서 함께 활동하며 식물 개발에 힘쓰고 있다.

모든 농산물 직판장에서 팔리고 있어요. 맨해튼 14번가 유니온 스퀘어의 농산물 직판장에서는 허니넛 스쿼시를 재배하는, 다른 11개 농장의 스쿼시도 살 수 있습니다.

씨앗의 중요성과 다양성에 대한 이야기를 나누다 보니, 예전에 본 영화 〈푸드 주식회사(Food, Inc.)〉[9]가 생각나네요. 대기업의 횡포에 피해받는 농부들을 보며 무척 충격을 받았는데, 솔직히 말씀드리면 부끄럽게도 몇 달 후 잊었어요. 이 같은 운동의 중요성을 사람들이 더 오래 기억할 수 있는 방법이 있을까요?

그 영화 저도 알아요. 중요한 점은, 좋은 음식을 먹어본 사람은 그렇지 못한 음식으로 다시 돌아가지 않는다는 점입니다. 이는 즐거움의 영역이죠. 사람들은 자신을 즐겁게 해주는 것에 탐욕스러운 법이고요. 특히 미국인의 대다수는 즐거움을 위해 조금 더 소비를 해도 크게 신경 쓰지 않아요. 오늘날 '음식운동(food movement)'[10]도 사람들이 즐거움을

9　　　로버트 케너(Robert Kenner) 감독의 2008년 다큐멘터리 영화로 미국의 기업식 농업을 다뤘다. 생태계에 악영향을 끼치며 동물과 직원을 학대하는 기업이 건강하지 않은 음식을 생산하는 모습을 보여준다. 공장제 사육과 끝없이 이윤을 추구하는 식품산업의 어두운 면을 드러내는 논픽션 다큐멘터리.

10　　　우리가 먹는 음식과 원산지 사이의 관계를 재설립하고자 하는 운동. 제대로 된 음식을 먹는 일부터 우리가 먹는 것들이 어떻게 만들어지는가에 중점을 둔다.

잊어버리지 않기 때문에 지속될 수 있어요. 우선 좋은 음식 자체가 매우 맛있으니까요. 건강과 환경에 도움이 되는 좋은 운동이라고 생각해요. 언제 이런 운동이 있었나요? 기존의 정치 운동에서는 절대 볼 수 없는, 다른 차원의 사회정치운동이라 볼 수 있어요. 이 운동은 행복에 뿌리를 두고 있다는 점에서 다른 운동들과 다릅니다. 예를 들어, 환경보호운동이나 교회의 종교 활동은 행복에 뿌리를 두고 있지 않아요. 자신이 일상적으로 해오던 자가용 운전 같은 습관적인 일을 포기하느냐, 구원을 받기 위해 교회가 규정한 악행을 얼마나 포기할 수 있느냐에 달려 있잖아요. 음식운동은 탐욕에 기반하고 있어요. 우리 몸에 좋은 것을 더 많이 원하는 겁니다. 이 관점에서 볼 때, 이 운동은 상당한 힘이 있죠.

〈셰프의 테이블〉[11] 시즌 1에서 형이자 공동 창업주인 데이비드 바버(David Barber)가 어릴 적 당신 성격을 말하는 부분이 있어요. '늘 공부하고 경청하며 생각이 깊지만, 거리낌 없이 말하지는 않았다'고요. 그런데 아이러니하게도 당신은 지금 연설과 인터뷰를 많이 하고 있어요. 이는 아이디어를 전파하기 위해 스스로 변한 건가요?

11   〈셰프의 테이블(Chef's Table)〉은 음식 전문 다큐멘터리 감독인 데이비드 겔브(David Gelb)가 총괄 제작·연출한 넷플릭스 시리즈물이다.

제가 변한 것은 아니에요. 대신 아이디어를 퍼뜨릴 수 있는 기회가 생기다 보니 말을 많이 하게 되었어요. (웃음) 환경이 점점 나빠지면서 사람들이 먹는 음식, 음식을 대하는 생각이 더욱 중요해졌으니까요. 이제 사람들은 '내가 먹은 이 음식의 재료가 토양과 환경에 어떤 영향을 미칠까'를 알고 싶어 해요. 20~30년 전에는 아무도 이런 말을 들으려 하지 않았죠.

셰프이자 환경운동가로 오래 활동해왔는데요. 두 아이의 아버지가 된 후 달라진 점이 있나요? 더 깊이 생각하고 행동하게 되었는지요?

어쩌면…지금까지 해온 일이 아이들을 위한 것이었다는 생각이 들기도 해요. 모든 부모가 그렇겠지만, 저도 아이 몸에 들어가는 음식은 늘 걱정합니다. 그렇기 때문에 소수만이 좋은 식재료를 즐길 수 있다는 의견에 동의할 수 없어요. 모두가 건강한 식생활을 할 수 있다고 믿습니다. 그러기 위해서는 우리 모두가 (좋은 식재료를 즐길 수 있는 권리를) 요구하고, 이해하고, 배워야 합니다. 좋은 토양이나 환경 관리의 중요성은 누구나 말할 수 있지만, 정작 좋은 식재료로 만들어도 예술적 미식(artistic gastronomy) 요소인 음식의 맛이 없다면 아무 소용이 없거든요. 아이나 어른, 모두에게 그렇습니다. 무엇보다 먹는 일이 즐거워야 해요. 그래서 요리사, 셰프에게 영향력이 있는 거예요. 우린 행복을 주는 상인(merchants of happiness)이니까요.

있는 그대로의 식재료를 사용하면 숨을 곳이 없다

처음에는 그저 좋은 음식을 만들고 싶다는 생각으로 셰프 커리어를 시작했을 것 같은데요. 지금은 뭔가 더 많은 것을 추구하고 있다는 느낌이 드네요.

저는 여전히 맛있는 음식을 만들고 싶어 하는 셰프입니다. 제 스타일은 무척 단순해요. 블루 힐과 스톤 반스의 요리를 보면 아시겠지만, 복잡하거나 정교하게 만든 요리가 아니에요. 많은 종류의 식재료를 사용하지도 않습니다. 그렇게 만들려면 식재료 하나하나가 빛을 발해야 하죠. 숨을 곳이 없어요. 이렇게 있는 그대로의 (naked) 식재료를 사용하다 보니, 높은 품질의 식재료를 제공할 수 있는 농부부터 찾게 되었어요. 식재료가

댄 바버, ‹TED Taste3 Conference›
'놀라운 푸아그라 우화(A foie gras
parable)' 중 (2008.7)

(생태계의 모든 식량 자원을) 더 많이 획득하고, 더 많이 팔고, 더 많이 버리는 것. 이는 미래의 우리에게 도움이 되지 않을 겁니다. 조나스 소크(Jonas Salk)가 한 유명한 말이 있죠. "곤충이 사라진다면, 우리가 아는 지구의 생명은 50년 안에 모두 사라질 것이다. 인간이 사라진다면, 우리가 아는 지구의 모든 생명은 번성할 것이다." (…)

우리는 새로운 개념의 농업을 받아들여야 합니다. 진정으로 새로운 방식으로요. 우선 지구를 망해가는 사업 청산하듯 대하는 방식부터 멈추고 '값싼 음식(cheap food)'이라는 명목으로 자원의 급을 낮추는 일도 멈춰야 합니다. (자연 속에 거위들을 방목해 천연 푸아그라를 만드는) 에두아르도 같은 농부를 찾는 일부터 시작해야 합니다. 자연에 해결책을 강요하기보다, 자연에서 해결책을 찾는 그런 농부들 말입니다.

좋으면 더 나은 셰프로 보이니까요. (웃음) 스타일이 역으로 저를 만들었다고 생각해요.

당신의 스타일과 원칙을 확립하는 데 큰 영향을 준 계기가 있을까요?

농업 분야의 모든 위대한 사상가에게서 영향을 받았어요. 물론 책도 많이 읽었고요. 위대한 생태학자나 환경운동가는 공통적으로 좋은 음식을 이야기해요. 이들이 요리를 언급하거나 요리를 직접 하지 못해도, 결국 좋은 음식에 대한 이야기로 귀결되어요. 그리고 진정으로 위대한 셰프 역시 환경을 말합니다. 저는 운 좋게 양쪽 분야에 몰입해 여러 해 공부할 수 있었고, 덕분에 음식과 환경문제 사이의 연결 고리를 발견했어요. 셰프들 중 극소수만이 셰프이자 환경운동가로 알려졌지만, 실제로는 환경운동가인 셰프가 많다고 봅니다. 그들이 직접 밝히지 않았을 뿐이죠. 저는 비록 농사를 직접 짓지는 않지만, 그저 두 분야의 접점을 발견했기 때문에, (대외적으로) 크게 말하고 다니는 거죠.

지금 인터뷰를 하고 있는 이곳, 블루 힐을 형이자 공동 창립자인 데이비드 바버와 2000년 봄 그리니치빌리지에 열었어요. 당시 초기 반응도 궁금합니다.

블루 힐은 시기를 잘 잡았기 때문에 성공할 수 있었다고 생각해요. 만약 1990년대에 열었다면, 지금처럼 성공할 수 있었을지 의문이에요. 좋은 음식과 농업에 대한 관심이 서서히 높아지기 시작할 때 흐름을 잘 탔어요. 지금은 이 동네가 많이 달라졌지만, 그리니치빌리지는 여전히 멋진 장소입니다. 저희 레스토랑은 그중에서도 찾기 힘든 거리인 워싱턴 플레이스(Washington Place)에 있어요. 인터넷이 널리 보급되기 전에 레스토랑 문을 열었는데, 결국 그 덕을 많이 봤죠. (레스토랑을 찾으려던) 사람들이 길을 잃고 한참 헤매다가 찾아와서 늘 배고파했거든요. (웃음) 이제는 모두가 길을 쉽게 찾지만요.

레스토랑 이름을 가족 소유 농장에서 따온 특별한 이유가 있었나요?

우리(블루 힐의 공동 소유자인 댄 바버, 댄의 형 데이비드 바버, 댄의 형수 로린 바버)는 수개월 동안 레스토랑 이름을 고민했어요. 레스토랑의 디자인을 맡은 로린 바버(Laureen Barber)가 "'블루 힐'이라고 하면 어때요?"라고 물었죠. 그전까지는 블루 힐 팜(Blue Hill Farm)처럼 인근 농장에서 생산한 신선한 식재료를 사용하는 레스토랑이라고 홍보하고 있었거든요. 그제야

이 이름이 당연하다고 생각했죠. 명함 인쇄 바로 전날 그렇게 결정되었어요.

당신의 팀은 셰프뿐 아니라 디자인 디렉터, 서비스 매니저, 이벤트 매니저 등 다양한 직군으로 구성되어 있죠. 팀은 어떻게 관리하나요?

디자인 디렉터인 로린이 제 형수이기 때문에 제가 '관리'할 수는 없습니다. (웃음) 형은 비즈니스 파트너이고요. 홍보를 담당하는 아이린 햄버거(Irene Hamburger) 부사장은 이미 만났죠? 필리프 구즈 (Philippe Gouze)는 스톤 반스의 운영을, 프랑코 세라핀 (Franco Serafin)은 블루 힐의 운영을 총괄하고 있어요. 프랑코는 우리와 함께 22년 일해왔고, 필리프는 17년, 아이린은 24년 함께했어요. 다른 이벤트 디렉터는 11년, 셰프들도 7~8년간 함께하는 중이에요. 이들 역시 제가 관리하지는 않고, 모두가 각자의 일을 알아서 해요.

초기에는 모든 일을 관장해야 했을 텐데, 다른 사람에게 위임하는 것이 힘들지 않았나요?

처음에는 누구나 다 위임하는 걸 어려워하지 않을까요? 게다가 전 레스토랑에 자주 나오는 편이니까요. 일부 유명 셰프처럼 다른 곳에서 새로운 레스토랑 영업 개시를 준비하지도 않고요. 이곳 블루 힐의 담당자와도 하루에 서너 번 연락해요. 이게 위임을 한 건지 아닌지는 잘 모르겠네요. (웃음)

요즘 당신을 행복하게 하는 것은 무엇인가요?

세계 각지에서 요리사들이 함께 일하려고 우리를 찾아와요. 덕분에 우수한 자질을 가진 요리사들과 함께 일할 수 있어서 좋습니다. 아이들을 제외한다면, 제 인생에서 가장 만족스러운 부분이죠. 지난주만 해도 셰프 중 하나가 휴가 중이어서 3주 동안 정신없이 바빴는데, 수셰프(sous chef)[12]도 병가로 나오지 못했어요. 그래서 평소보다 더 업무에 관여할 수밖에 없었지만, 이들과 함께 일할 수 있어서 매우 즐거웠어요. 요리사들과 이렇게 가깝게 일한 건 거의 5년 만이었죠.

---

12   부주방장을 뜻하는 말.

최악의 경험이 긴장을 견디게 하다

이번에는 반대 요소를 묻고 싶어요. 당신이 출연한 〈셰프의 테이블〉 에피소드[13]에서 언급된 차이나타운 이야기를 더 들려주었으면 해요. 그 에피소드에서는 길가에 주저앉아 울다가 갑자기 온몸이 가려워 긁기 시작했다고만 했거든요. 당신은 그날을 자신의 최악의 순간이라고 말했고요. 그 후에 어떻게 되었나요?

13 　　　〈셰프의 테이블〉 중 댄이 출연한 에피소드에는 댄의 커리어 초창기인 1997년, 케이터링 비즈니스를 하던 시절을 다루고 있다. 댄은 지출을 줄이기 위해 뉴욕시 차이나타운에서 불법으로 개조된 지하 주방에서 요리를 했다고 회상한다. 어느 날 300명의 게스트가 참석하는 결혼식 피로연 음식을 새벽 4시까지 준비하다가 잠시 스낵을 사러 나섰는데 주방 문이 잠겨버렸다. 불법 주방에서 불이 날까봐 극도의 패닉 상태를 겪게 된 댄은 갑자기 몸 전체가 가렵기 시작했다. 그는 길가에 주저앉아 울면서 몸을 긁었던 기억을 더듬으며, 다시 그 순간으로 돌아가지 않기 위해 매일 노력한다고 말한다.

아, 에피소드에서 나머지 내용이 편집되었나 봐요.
제가 그렇게 쭈그리고 앉아 울면서 몸을 긁고 있으니까,
지나가던 노숙자 아저씨가 문을 따줬어요. 20달러를
주면 주방 문을 열어주겠다고 하디군요. 다행히 금방
문을 열어서 불이 나기 전에 스토브를 끌 수 있었어요.

그럼 모든 것이 괜찮았나요?

아니요, 한 코스 요리를 처음부터 다시 해야 했어요.
완전히 악몽이었죠. 제 인생 최악의 순간이었어요.
하지만 이제는 괜찮아요. 결국 모든 것이 나아졌고,
그때보다 더 안 좋아질 수는 없을 거예요.

그 순간을 커리어에서 가장 큰 위기라고 볼 수 있을까요?

가장 힘들었던 순간으로 기억해요. 스트레스와 과로로 몸
전체가 반응을 일으켰으니까요.

그 경험이 도움이 되었나요?

그렇게 생각해요. 제가 죽기 전에 그보다 더 심한 경우는
오지 않을 것 같으니까요. (웃음) '오케이. 그 순간을
버텨냈으니까.' 그 후에는 모든 것을 보는 관점이 이렇게

정리되었다고나 할까요? 큰 도움이 된 게 사실이에요.

사람들은 대체로 늘 지속되는 긴장감을 그리 좋아하진 않는데요.
당신은 어떤가요?

저도 즐기지는 않지만, 움켜잡을 수 있는 방법을
배웠어요. 그 긴장감이 저를 압도할 수 없도록 말이죠.
아마도 차이나타운에서의 경험이 도움을 줬다고
생각해요. 완전히 바닥을 쳤을 때 내가 아직 살아 있다는
사실을 확인하면, 그게 성공이죠. 최악을 경험했기
때문에 이제는 긴장감을 견딜 수 있습니다.

셰프로서 주방 일에 대한 본인의 한계를 발견한 적도 있나요?
당신은 "좋은 요리를 하는 일은 육체노동"이라고 말했는데요.
언제까지 주방 업무를 볼 생각인가요?

글쎄요. 아직 한계를 발견하지는 못했어요. 계속 일할
수 있도록 열심히 운동하고 있어요. 자주 달리고,
헬스클럽에도 가요. 적어도 이틀에 한 번은 꼭
운동하려고 노력합니다.
저희 레스토랑은 메뉴가 늘 바뀌거나, 또는 스톤
반스처럼 메뉴가 아예 없기 때문에 제가 주방에 있어야
모든 게 가능해요. 고객이 음식을 선택할 수 없지만

테이블마다 모두 다른 요리가 나갑니다. 끊임없이 변형하죠. 정해진 메뉴가 있다면 스탭에게 가르쳐주고 떠나도 괜찮겠지만, 반복하는 걸 좋아하지 않아요. 어젯밤을 예로 들면, 오후 1시에 시작해서 오후 10시에 끝이 났어요. 130명의 고객에게 평균적으로 각각 서른 가지 코스 음식이 나갔죠. 3900가지의 요리를 만드는 셈입니다. 이 중 2000가지가 같은 주에 나갔던 요리예요. 수요일이 가장 힘들고, 일요일쯤 되면 2000가지 요리는 이미 익숙해진 상태죠. 나머지 요리 중 절반은 스태프와 논의한 요리로, 그 나머지는 고객 특성에 따라 결정합니다. 만약 고객 중 한국에서 온 분이 있는데 스톤 반스의 송아지 고기 요리를 듣고 왔다면, 이를 고려해서 코스를 결정합니다. 이런 상황을 두고 '긴장감'이라고 해요. (웃음)

직접 요리하는 행위의 중요성

요즘 셰프가 되길 바라는 젊은이가 많아졌는데, 어떤 준비가
필요할까요?

> 미래의 셰프는 농업을 잘 알아야 해요. 만일 지금 셰프가
> 되려 한다면, 요리법을 공부하는 데 많은 시간을 쓰는
> 건 물론이고, 그보다 먼저 식재료가 어디에서 오는지를
> 알아야 합니다. 어떻게 해야 농사를 잘 지을 수 있는지,
> 그것이 무슨 의미를 갖는지 알아야 하죠. 미래의 좋은
> 음식에 관한 일이니까요.

환경문제에 관심 있는 젊은이들은 농사를 짓고자 하는데,
그들에게도 조언을 부탁합니다.

젊은 농부에게 많은 기회가 있어요. 적어도 미국에서는요. 사람들이 농부에게 신선한 식재료를 직접 구입하고 싶어 하니까요. 물론 대규모나 중간 크기의 농장은 어려움이 있지만, 소규모 농장은 열심히 일한다면 다양한 기회를 잡을 수 있어요. 요즘은 농산물 직판장 (farmer's market)이 많아졌고, 레스토랑도 직거래를 원하는 곳이 늘고 있죠. 30년 전의 상황과는 많이 달라졌습니다. 그래서 저는 지금이 바로 셰프나 농부가 되기 가장 좋은 시기라고 생각합니다.

그럼 마지막으로 저를 비롯한 일반인이 당신이 추구하는 운동에 어떻게 동참할 수 있을까요?

직접 요리하는 거예요. 요새는 직접 요리해서 먹는 사람이 별로 없거든요. 집에서 자신을 위해, 가족과 이웃을 위해 요리하는 것은 정말 중요합니다. 그러려면 식재료부터 사야겠죠. 농산물 직판장이나 소규모 농장과 연계한 슈퍼마켓에서 식자재를 사면 운동에 큰 도움을 줄 수 있어요. 이러한 선택을 거쳐 직접 요리해 먹으면, 돈을 더 주고 사 먹는 것보다 더 강력하게 운동에 영향을 미치겠죠. 혹시 요리를 못하는 상황이라면, 소규모 농장과 거래하는 레스토랑을 찾는 것도 좋습니다. 저는 이런 실천이 올바른 소비 행위라고 생각해요. 요리하는 행위의 중요성을 절대로 축소시키면 안 됩니다.

댄 바버는 1969년 뉴욕에서 태어났다. 뉴욕시에 있는 레스토랑 블루 힐과 근교에 있는 블루 힐 앳 스톤 반스의 공동 소유자 겸 셰프로, 2014년에 «제3의 식탁»을 출간하기도 했다.

—

음식과 농업 정책에 대한 그의 의견은 그간 «뉴욕타임스»를 비롯한 많은 미디어를 통해 발표되고 보도되었다. 그리고 «타임»은 2009년, 그를 '세계에서 가장 영향력 있는 100인' 중 하나로 꼽았다. 버락 오바마 전 미국 대통령의 체력, 스포츠, 영양 분야 관련 자문 위원으로 임명된 바 있다.

—

그는 2006년 '뉴욕시의 베스트 셰프(Best Chef: New York City)', 2009년 '미국의 뛰어난 셰프(Outstanding Chef)' 등 미국의 요리 전문가에게 수여하는 제임스 비어드 상(James Beard Awards)을 여러 번 받았다.

—

현재 레스토랑 운영은 물론, 비영리 농장 및 교육기관인 스톤 반스 음식농업센터의 이사회 멤버로 활동 중이다. 또 대기업 중심의 규격화된 씨앗 품종 보급에 반기를 들고, 다양한 씨앗 보급을 위해 2017년 씨앗 회사 로우 7 시드를 공동 설립해 운영 중이다.

—

instagram @chefdanbarber

댄 바버
Dan Barber

"

누구나 자연에 영향을 받으며 자랍니다. 저희에게는
운 좋게 할머니에게 물려받은 가족 소유 농장인 블루 힐
팜을 비롯해 몇 개의 농장이 있어요. 스톤 반스 역시
농장에 둘러싸여 있고요. 할머니가 농장을 소유한 건
맞지만, 농사보다는 심미적인 목적이 더 컸어요. 물론
여름마다 농장 일을 돕기는 했지만, 환경을 고려한
농사를 배울 수 있는 기회는 아니었어요. 오히려
토지를 관리하는 법, 농장을 소유할 때 따르는 책임감을
배웠습니다. 그것도 중요하니까요.

"

꿈같은 요리판의 희비극
박찬일, 셰프 & 에세이스트

나는 잡지사 기자 생활을 했다. 오래전의 일이다. 이십 몇 년 전이다. 어느 날 국장석에 불려 갔다. 국장이 한심한 표정으로 나를 올려다보았다.

"어쩔 거요?"

"…"

뭐라도 답을 하고 싶었지만 입이 떨어지지 않았다. 할 말이 없는 자의 일반적인 태도는 줄임표다. 나는 도통 사무실에 잘 나타나지 않는 기자였다. 기자의 일은 현장에 있다고 했지만, 사무실에 들어와서 보고는 해야 했다. 그게 월급쟁이의 숙명이다. 나는 겨우 입을 열었다.

"그만두겠습니다."

이런 사직 발언을 많이도 접했을, 높은 자리에 있는 간부들은 대체로 다음과 같은 반응을 보인다. '사표? 그래도 그렇지. 다시 한번 생각해봐. 처자식 생각해서 열심히 살아야지. 힘내보자고.' 그러나 실제로 국장은 이렇게 말했다. "그래, 잘 생각했다. 아무래도 당신은 적성에 맞지 않는 것 같아." 어어? 이게 아닌데. 결국 사표를 냈다. 사표는 원래 멋지게 '던지는 것'인데, 떠밀려서 낸 셈이다. 그의 입장도 이해가 되었다. 잘 나타나지 않지 전화도 안 받지, 누가 이런 부하를 데리고 있겠는가.

기자 일이란 글 쓰는 게 아니다. 절대로! 본디 사람을 만나서, 설득하고 인맥 쌓고 추적하고 그러다가 특종도 얻는다. 혹시라도 '나는 글을 잘 쓰니 기자가 되고 말 테야' 하는 분이 있으면 일찌감치 포기하기 바란다. 그런 분은 소설가를 지망하는 게 낫다. 기자는 이슈를 가진 사람을 물어뜯어서 말하기 싫은 걸 고백하도록 해야 한다. 아니면 그 사람이 꼼짝없이 말할 수밖에 없는 증거를 취재해서 들이대고 진실(내지 사실)을 밝혀내야 한다.

사표를 내고 사무실을 벗어나는데 앞이 캄캄해졌다. 흔히 쓰는 표현인데, 실제로 시야가 캄캄해졌다. 시신경은 뇌와 연결되어 있다. 뇌가 충격을 받으면 시신경에도 충격이 전해진다.

앞이 캄캄해지고 노래지는 현상을 겪었다. 처자식 때문이었다. 먹고살 길을 찾아야 했다.

기자는 사람 만나는 일이 숙명이라지만, 내 적성에는 잘 맞지 않았다. 기자 직업이 싫다면? 답을 얻었다. 사람 안 만나는 직업을 찾자! 신발 수선업자? 도장 기술자? 그런 걸 배우기에는 너무 오랜 시간이 필요했다. 나는 까다로운 입을 가졌다. 사무실 동료 기자들이 나와 밥 먹으러 가는 걸 불편해했다. 어떤 식당이든 내 감식안에 걸렸다. 나는 밥맛 떨어지는 동료였다. 그러던 그들이 나중에는 나와 밥 먹는 걸 좋아했다. 맛집 블로거도 없던 시절, 이미 나는 맛있는 밥집을 찾아내는 능력을 발휘했기 때문이다. 취미가 직업이 될 때가 있다. 작가이자 영화감독인 프랑수아 트뤼포(François Truffaut)의 '영화광(시네필)의 3단계 이론'이 있다. 대충 이렇다.

1. 영화를 좋아한다.(영화를 두 번 볼 것)
2. 비판하고 분석한다.(영화에 대한 글을 쓸 것)
3. 직접 찍는다.(영화감독이 될 것)

마니아는 좋아하는 게 언젠가 직업이 될 수 있다. 수많은 직업인이 그런 경우에 해당한다. 나도 그랬다. 직접 요리를 해보자. '사람을 안 만나도 되는 일'이니까. 기자 시절, 셰프를 취재한

적이 있다. 회사에서 셰프 여럿을 인터뷰해 책을 묶을 계획이었고, 내가 적임자였다. 많은 셰프를 만났다. 그때 내가 쓴 글에 이런 구절이 있다.

"빳빳하게 다린 눈부시게 흰 셰프복, 높다란 모자, 그들에게서는 소독약 냄새가 날 것 같았다." 휴가 나온 특수부대 병사의 멋진 군복만 보고 그들이 얼마나 힘들게 훈련받고 어떤 상황에서 군인으로 만들어지는지 알려고 하지 않은 것과 같았다. 우리는 저런 복장의 요리사를 흔히 고급 식당에서 본다. 그들은 흰 손으로 정갈하게 회를 썰어내고 초밥을 쥔다. 그러나 그 회가 실은 생명이었으며, 생선을 죽이고 그때 뿜어내는 피를 처리해야 비로소 '횟감'이 되어 초밥 냉장고에 들어간다는 사실을 떠올리기는 힘들다. 우아한 백조가 물밑에서 힘들게 발을 휘젓고 있는 것과 같은 일이다. 멋진 스테이크가 나오려면, 그 소를 도살하는 사람과 그 피에 자기를 적셔가며 현장을 정리하는 요리사가 필요하다. 셰프에 대한 내 인식도 크게 부족했다. 적어도 내가 만난 성공한 셰프에게서는 바닥에서 일하는 보조 요리사에게서 나는 피 냄새를 맡을 수 없었다.

어찌어찌 요리사가 되었다. 이탈리아로 날아간 후의 일이었다. 왜 이탈리아였는지 묻는다면 답이 길어진다. 다만 영화 〈시네마 천국〉과 〈자전거 도둑〉에서 묘사된 이탈리아에 가보고 싶었을 뿐이라고 알아두시기 바란다. 인간은 필연으로 그렇게 되도록 설계된 존재지만, 때로는 설명하기 힘든 스파크가 일며 돌연변이를 일으키기도 한다.

앞서 말한 트뤼포의 3단계 이론에 내가 해당하는 것은 물론이다. 나는 어려서부터 엄마의 요리 준비를 잘 돕는 소년이었으니까. 콩나물과 마늘을 다듬는다든지, 부뚜막에서 뜸을 들일 때 밥솥이 넘치는지 인내심 있게 들여다보는 걸 좋아하는 소년이었으니까. 물론 어머니는 내가 요리 비슷한 걸 하도록 용납하지 않았다. 요리의 관찰자, 보조자 정도는 몰라도 칼을 잡는 건 절대로 허락하지 않았다. 어머니는 지금도 간혹 그러신다. "네가 진짜 요리를 하긴 하는 것이니? 난 지금도 내가 요리하는 게 마뜩잖다."

보기 싫은 상사가 있는데, 그와 매일 등을 맞대고 일한다고 생각해보자. 하다못해 칸막이나 책상 간의 거리도 없이 문자 그대로 등을 맞댄다고 말이다. 그것도 그의 체취와 입 냄새를 맡을 수 있는 정도의 거리라면. 바쁠 때 등은 젖어들고, 요리복도 젖는다. 더구나 날을 벼린 칼과 손도끼와 300도로 끓는 오븐과 숯이 가득 찬 그릴이 있다면! 그게 요리사의 일이고 부엌의 상징이다. 보기 싫은 인간과 몸을 붙이고 일한다. 과거의 일이기는 하나 잔소리와 폭력, 억압도 있었다. 우리 선배들은 늘 '국자로 머리통을 얻어맞으며 일했지'라고 회고한다. 더구나 손님에게 훤히 열려 있는 있는 오픈 주방에서. 심지어 노동도 과중했다.

주방에 가면 아주 인상 깊은 스티커가 붙어 있다. "산재 예방을 위해 다음에 주의하시오. 무거운 물건을 들 때는…." 어떤 산업 현장이든 산재가 있다. 요리사도 예외는 아니다. 제일 무서운 산재는 '상사'라는 농담이 있지만, 요리사들은 육체적이면서 동시에 정신적 산업재해의 위험에 노출되어 있다. 스트레스도 극심하다.

저녁 예약이 52인분 들어왔다고 치자. 그들은 대개 비슷한 시간에 식사를 한다. 고급 식당에서 '같은 메뉴로 통일하지 뭐!' 같은 건 통하지 않는다. 제각기 다른 전채와 파스타, 고기와 생선들. 그것도 굽기 정도가 각기 다른 주문을 쏟아낸다. 이를테면, '피가 안 보이는 레어'와 '피가 보이는 웰던', '미디엄 레어와 레어 사이로 스테이크를 익혀주세요' 같은 주문이 실제로 있었다. 생선찜을 70퍼센트 정도로 익혀달라는 주문을 받은 적도 있다. 이익을 위해서, 아니 그놈의 인건비와 가겟세를 감당하기 위해서 테이블을 하나라도 더 놓고 영업해야 하니 부엌은 좁아터지고 보기 싫은 상사와 어깨를 부딪히게 된다. 그러면서도 시간과 주문에 맞게 요리해야 한다. 한 테이블에 네 명의 손님이 각기 다르게 주문한 요리를 홀의 요청을 받고 주방장의 명령에 따라 정확한 시간에 딱 맞춰 내야 한다.

"저, 북아프리카식 소스를 얹은 굴 요리는 5분 후에 나오니 이 요리들을 먼저 나눠 드시고 계실래요?" 이런 건 불가능하다. 그렇게 열 개가 넘는 테이블의 손님들을 쳐냈다.[1] 매일, 매주, 어쩌면 한 40년쯤.

이탈리아에서 하루는 셰프가 엄청나게 많은 요리 재료를 사들였다. 한 차 가득 야생 버섯이 들어오고, 멸치와 넙치가 부엌에 산처럼 쌓였다. 한 마리 분량은 될 듯한 양고기가 들어오고, 채소와 허브는 또 얼마나 많았던가. 평소의 주문을 소화하면서 그 재료들을 손질하느라 추가로 일했다. 요리를 만들고 '미즈 앙 플라스(mise en place)[2]'해둔다. 주말에 결혼식 피로연이 있기 때문이다. 그런 행사가 주말마다 있었고, 재료를 싣고 출장을 가기도 했다. 요리도 비즈니스니까 당연한 일이다. 그런 예약이 밀리면, 하루 14~15시간쯤 일하는 건 일도 아니다. 그들

1
(본 에세이의 모든 주석은 저자가 달았다.) 한국 부엌에서 쓰는 용어. 주문을 소화한다는 뜻이다.

2
요리사라면 지긋지긋한 이 용어는 설명도 하기 싫다. 모든 재료를 다듬고 썰어서 곧바로 요리할 수 있도록 완벽하게 준비하는 걸 말한다. 'everything in place'라는 뜻.

꿈같은 요리판의 희비극

이 왜 그렇게까지 일하는지 솔직히 잘 모르겠다. 노동법이 무
서운 나라에서 말이다. 요리사들은 숙명이라고 생각하는 것 같
다. 요리는 기술이면서 동시에 예술이라는 생각 때문일까. 예
술가가 밤을 새우는 것도 노동인가. 모르겠다. 그때부터 20년
이 지난 지금도 그런 일이 유럽에서 일어난다. 주 32시간 노동
을 말하는 그 대륙에서.

한 번은 동료와 함께 어느 섬으로 일하러 간 적이 있었다. 이
탈리아의 여름은 어디를 가나 관광객으로 들끓는다. 여름 한
철 벌이가 좋다고 했다. 한국과 달리 그 섬의 리조트는 밥이
포함되어 있는 경우가 많았다. 여름 한철 여는 리조트이니, 정
식 요리사를 고용할 수 없다. 나처럼 어설픈 기술을 가진 이방
인에게도 기회가 왔다. 우리는 투숙객의 밥을 하루 세 끼 해댔
다. 고양이 손이라도 빌릴 판인데 주방에 들어가니 토마토 캔
이 몇 개 놓여 있었다. 남자 요리사들이 바쁠 때 이용하는 화
장실이다. 주문은 쏟아지고, 동료들이 재료를 쓸어 담아 어떻
게든 접시를 메워내는 판국에 화장실에 다녀오는 건 사치였을
수도 있겠다. 여자 요리사도 있었는데, 남자 동료들은 천연덕
스럽게 그 캔에 소변을 보았다. 물론 나중에는 나도 캔을 하나
차지했다. 마초들처럼 시시덕거리면서 요리하고, 어떤 녀석은
팔뚝을 홀랑 데어 진물이 질질 흐르는 걸 붕대로 싸매고도 웃
으며 뜨거운 그릴 앞에서 고기를 구웠다. 미친 녀석들 같았다.

한 움큼의 지폐를 받아 들고 섬을 빠져나올 때 페리의 갑판에서는 제법 싸늘한 바람이 불어왔다.

서울로 돌아오니 2002년, 월드컵이 한창이었다. 나는 직장을 못 구했다. 그 덕에 시내에서 월드컵을 실컷 보았다. 어딘가 원서를 넣었지만 연락이 없었다. 서울 요리판에 지인도 인맥도 없었으니 당연했다. 운 좋게 한 이탤리언 레스토랑에서 막내급으로 일했다. 홍합을 닦고 면을 삶았다. 그 식당은 망했다. 어느 망해가는 와인 바에서 두어 달 일하기도 했다. 캘리포니아의 미쉐린 별 하나급 레스토랑 메뉴를 깡그리 베낀 희한한 와인 바였다. 심지어 메뉴판 디자인과 가게 이름까지 그대로 베꼈다. 하기야, 그때는 서울 요리판에 표절과 가짜가 득세하던 시절이었다. 별 셋짜리 식당 이름을 베껴 쓰는 엉터리 식당이 가로수길과 서초동에 버젓이 간판을 내걸고 있기도 했다. 식당 면접을 보러 온 요리사 중에는 자신이 유럽의 별 셋이니 둘이니 하는 곳에서 수셰프(부주방장)를 역임했다고 이력서에 적어넣기도 했다. 소가 웃을 일이었지만, 식당 주인들은 거개 무식했고 그렇게 시절도 흘러갔다. 몇몇 인테리어 업자는 돈을 벌었다. 도쿄나 밀라노 어디쯤에서 베낀 실내 분위기를 얼마나 잘 구현하는가, 그게 업자의 실력이었다.

한 트라토리아(소박한 이탈리아식 식당)에서 내가 소 내장과 고등어와 꽁치와 멸치 같은 걸로 요리를 한다고 했을 때 비웃던 사람들도 생각난다. 서양식이라면, 크림과 안심 스테이크와 그레이비소스와 연어, 아스파라거스가 고작이던 때였으니까.

싸움하듯 세월을 보냈다. 이제 서울에는 미쉐린 가이드도 들어온다. 샤프하고 명석한 요리사들이 재기 발랄한 요리를 내고, 왕년에 귀여웠던 친구들도 이제는 노장급이 되어 옷 벗고 어디 가서 술집을 여나 기웃거린다. 그야말로 내가 경험해온 꿈같은 요리판의 희비극이 끝나간다. 나는 허리가 아파 더 이상 새벽 시장을 가지 못하고, 그럴듯한 식당 숫자는 20여 년 전에 비해 스무 배는 늘어났다. 요리사들은 매일 전쟁이고, 손님들은 인스타그램에 오늘 먹은 걸 일기 쓰듯 올린다. 서울은 지금, 식당 도시가 되어버린 것 같다. 나는 십자로 어디쯤 서서 망연자실하다.

박찬일은 1965년 서울에서 태어나고 자랐다. 대학에서 문학을 전공했고 월간지 기자로 활동하던 중 사람 만나는 일이 피곤해서 주방에만 있어도 되는 일인 요리를 선택, 이탈리아로 건너가 1999년 ICIF(Italian Culinary Institute for Foreigners) 요리학교를 수료했다. 슬로푸드 로마 지부에서 와인을 공부한 후 이탈리아 시칠리아에서 요리사로 일했고, 귀국해서는 '뚜또 베네', '트라토리아 논나', '라꼼마', '인스턴트 펑크' 등에서 셰프로 일했다.

—

셰프로 일하는 동안 그는 가능하면 수입품 대신 한국의 산천에서 나는 신선한 재료를 즐겨 썼다. '동해안 피문어와 홍천 찰옥수수찜을 곁들인 라비올리'나 '제주도 흑돼지 삼겹살과 청양고추', '봄 담양 죽순 찜의 파스타' 같이 우리 식재료의 원산지를 밝히는 명명법은 이탤리언 레스토랑 셰프들에게 하나의 유행처럼 번지기도 했다.

—

'글 쓰는 요리사'라는 별칭답게 «보통날의 와인», «지중해 태양의 요리사», «백년 식당», «뜨거운 한입», «노포의 장사법» 등 많은 책을 썼다.

Junghyun Park　　　박정현

New York

04

박정현은 현재 뉴욕에서 가장 주목받는 셰프로 꼽힌다. 한국 무대를 옮겼고, 2016년 한식의 기본 구성인 반찬과 밥을 세련 파인 다이닝 레스토랑인 아토믹스(Atomix)를 오픈해 조리 중이다. 그는 하고 싶은 일이 계속 있다는 것 자체가 행복이라

토랑인 정식당의 뉴욕 오픈 멤버로서 2012년 뉴욕으로 활동

석한 아토보이(Atoboy)를 열었다. 그 성공을 기반으로 2년 뒤

고리에 따른 독창적인 조리 문법으로 한식의 지평을 넓히는

지금은 음식과 요리가 행복을 가져다준다고 덧붙인다.

매일 똑같이 반복돼요

서울 방배동의 카페,
2019년 10월 2일 수요일 오후 2시

전화 인터뷰,
2019년 10월 16일 수요일 뉴욕 현지 시각 오전 11시

삶의 모든 경험이 영감의 원천

지금 뉴욕에서 아토보이와 아토믹스를 통해 어떤 요리를
선보이고 있나요?

아토보이[1]와 아토믹스[2]
둘 다 콘셉트가 명확한
레스토랑입니다. 먼저
아토보이는 한국식
밥과 반찬 문화를
서양의 문법으로
풀어냈습니다. 여러 메뉴
중에 세 가지 음식을
선택해서 밥과 먹을 수

1   맨해튼의 노마드(NoMad)
지역에 위치한 퓨전 한식 레스토랑.
한국 가정식에서 받은 영감을 바탕으로
메뉴를 구성하며 일인당 세 가지 반찬을
골라 서로 나눠먹는 형식을 추구한다.

2   아토보이의 뒤를 이은 한식
전문 파인 다이닝 레스토랑. 아토보이를
연 지 약 2년 만인 2018년에 오픈했다.
편안한 분위기에서 한국 가정식을
체험할 수 있는 곳이 아토보이라면
아토믹스는 박정현 셰프만의 방식으로
재해석한 10가지 코스의 한식을 맛볼
수 있는 곳이다.

있도록 구성했어요. 한국 문화와 서양 문화를 접목하는
시도죠. 아토믹스는 파인 다이닝의 흐름에 따라 긴 코스
음식으로 구성했고, 그 요리의 흐름을 한식 조리법에서
차용했어요. 전, 볶음, 찌개, 탕, 구이처럼 요리법으로
카테고리를 나누고 매 코스마다 밥과 반찬을 붙였죠.
그리고 손님이 메뉴 구성을 쉽게 이해하고 즐길 수
있도록 가이드를 담은 카드를 제공해요. 그동안 뉴욕에서
볼 수 없었던 방식을 통해 한국의 식문화를 제안해보자는
생각이었죠. 물론 이 틀을 언제까지 유지할지
모르겠어요. 10년이 지난 후에도 이 틀 안에서 우리의
도전을 지속할지, 아니면 새로운 방식을 만드는 것이
좋을지 아직 고민입니다. 레스토랑이 성장함에 따라 처음
확립했던 스타일도 함께 진보해야 한다는 생각도 꾸준히
하고 있어요.

차용한 형식 속에서도 꾸준히 새 메뉴가 나와야 하니 끊임없이
바쁠 것 같습니다. 메뉴를 개발하는 데는 어떤 과정이
필요한가요?

모든 것이 영감이 됩니다. 하나로 정형화된 프로세스는
없어요. 다만 모든 에디터에게 마감이 있듯, 셰프도
시간의 압박을 느껴서 다들 발등에 불이 떨어져야 일을
시작합니다. (웃음) 대개는 시즌이 바뀜과 동시에 메뉴

개발에 대한 압력이 커져요. 그제야 실질적인 작업이 시작되고요. 음식을 개발하는 방식과 시작점은 다양해요. 좋은 레스토랑을 경험하며 영감을 받기도 하고, 메뉴 개발을 위해 작심하고 펴본 요리책에서 아이디어가 떠오르기도 해요. 주방 직원과 미팅하며 의견을 나누던 중 우연히 메뉴를 개발하기도 합니다. 요리책이나 다른 레스토랑에서의 경험처럼 꼭 요리 관련 분야에서만 아이디어가 떠오르는 건 아니에요. TV 토크쇼나 예능 프로그램을 보면서도 실마리가 생기거든요. 중요한 것은 영감이 떠오를 때 꼭 메모를 해야 한다는 점이에요. 주로 휴대폰 메모장에 내용을 틈틈이 적어두죠. 매 순간 습관처럼 메모를 합니다.

어쩌면 메모에서 새로운 메뉴가 시작된다고 볼 수도 있겠네요.

메모들을 보며 머릿속으로 메뉴의 흐름을 구상해요. 그리고 컴퓨터로 레시피를 만들어봐요. 이미 아는 지식 안에서, 기본 틀이 되는 레시피를 그램 수까지 생각해보죠. 새롭게 바뀔 코스 메뉴에 대한 전반적 아이디어를 구글 드라이브로 관리하며 1~2주일 정도 리뷰하면서 틈틈이 고쳐요. 마지막으로는, 실제 요리를 하면서 조정하는데, 특정 재료의 양을 더하거나 줄이는 수준이고, 구조는 요리 전에 어느 정도 정해져요.

메뉴 개발에 어려운 점은 없나요?

항상 크리에이티브해야 한다는 점이 어려워요. 모든 셰프의 고민일 거예요. 저는 아토믹스와 아토보이의 메뉴를 같이 챙기다 보니 수시로 업데이트를 해야 하고요. 주방 팀원과 함께 메뉴를 개발하는데 그들도 새로운 메뉴에 대한 스트레스가 큽니다. 기존에 있던 메뉴를 개선하는 게 아니라 창조하는 작업이니까요. 많은 사람들이 아이디어를 고민하고 자신만의 노하우를 찾아요. 저는 현장에서 벌어지는 매 상황에 얼마나 집중하는지가 중요하다고 봐요. 가령 여름에서 가을로 바뀌는 때가 되어 가을 메뉴를 고민하지 않고 매일 일상 속에서 새 메뉴를 고민해요. 이런 소스들이 모이면 막상 필요할 때 도움이 됩니다. 원소스가 없는 상태에서 완전히 새로운 걸 만들려면 처음부터 고민해야 하니 다양한 결과물을 만들기 어렵지만, 늘 메뉴 생각을 하다 보면 꽤 자연스럽게 일할 수 있어요.

항상 메뉴를 생각한다고 하니 '일과 삶의 균형'과는 거리가 있어 보이네요.

'워라밸'이 중요한 직업이 있을 것 같아요. 조직에서 주어진 역할만 잘 해내면 된다면 쉬는 순간에까지 고민할 필요는 없다고 봐요. 하지만 회사를 이끌거나, 매니저 이상의 위치에 있는 사람이라면 대개 일과 삶을 단순히 분리하는 게 힘들 거예요. 잘 노는 것이 일인 직업도 생겨나고 있잖아요? 본질적으로 셰프도 잘 먹으러 다니고 사람도 즐겁게 만나야 성공하는 직업입니다. 아토보이와 아토믹스도 제 삶의 경험이 자연스럽게 녹아든 결과물이에요. 삶이 곧 일이 되었죠. 여러 나라의 훌륭한 레스토랑을 체험했던 시간과 경험이 두 레스토랑을 만드는 데 영향을 미쳤어요. 특히 북유럽 레스토랑에서 경험한 것들, 예를 들면 독특한 인테리어나 주방의 온도, 종업원의 태도 등이 이 공간에 반영되었죠. 칵테일 바나 서비스 인력이 순환하는 형태도 다른 레스토랑에서 참고했거나, 또는 그것을 개선한 것이에요. 하나의 레스토랑을 구상하는 일을 일 자체로만 바라보면 이런 요소들이 나오기 어려워요. 단순히 일하는 시간만으로는 설명할 수 없거든요. 평생 관심을 가지고 경험한 것들을 모두 모아서 집약시킨 셈이죠.

삶이 곧 일이 된다는 말이 인상적이네요. 그러면 하루를 어떻게 보내나요? 반복되는 일과가 있는지요.

매일이 똑같이 반복되어요. 오전 9시 반에서 10시쯤 일어나고요. 밤새 온 이메일, 카카오톡이나 인스타그램

다린 킹(Darryn King), '식기구가
예술품이 될 때(When Even The
Eating Utensils Are Works Of Art)'
(«포브스», 2018.9.2)

(아토믹스의) 도자 그릇은
모두 손으로 만든 것이며
화가의 붓처럼 비단 주머니에
돌돌 말려 있는 여러 색깔의
독특한 젓가락은 박정현
셰프 부인이자 아토믹스
총괄 매니저인 엘리아의
개인 소장품이다. 또한
아토믹스에서는 집에 가져갈
수 있도록 매 코스마다
설명이 적힌 카드를 제공한다.
카드에는 요리에 대한 상세한
내용, 재료 목록과 더불어
그림 작가(엘리아의 사촌)가
그린 우아하면서 감성적인
일러스트레이션이 그려져 있다.

이 요리 여정을 든든히 받치고
있는 것은 JP(박정현 셰프)와
엘리아가 직접 쓴 따뜻하고
진심 어린 메모다. 엘리아는
본질적으로 덧없는 식사
경험을 기념할 수 있도록
하는 것이 희망이라고 말한다.
"예술품을 구입하면 늘 그걸 볼
수 있고, 음악에 돈을 지불하면
언제든지 그걸 들을 수 있지만,
한 끼 식사를 즐기는 경험은
사라질 수밖에 없죠."

같은 SNS 메시지를 체크해요. 씻고 바로 아토믹스로 출근해서 12시 무렵에는 관리 매니저와 미팅을 해요. 주로 중요한 일정을 챙기죠. 미디어의 요청에 어떻게 대응할지 정하고, 재료 주문도 확인해요.

그러다 보면 정오가 조금 넘어요. 수셰프처럼 저보다 일찍 레스토랑에 와서 일하는 사람도 있지만, 일반 직원들은 이때 출근해요. 그들과 서비스 미팅을 한 뒤에 그날의 사정에 따라 메뉴 개발, 오전에 처리하지 못한 이메일 답장, 언론 인터뷰 등을 진행하죠.

직원 식사[3]는 오후 4시 정도에 해요. 참고로 저는 아침에 커피 한 잔 정도 마시고 점심밥을 거의 먹지 않기 때문에 이때가 제대로 된 한 끼예요. 저녁 손님이 오기 전인 5시 정도에 다시 미팅을 하는데 이때는 홀과 주방 팀원이 다 같이 모여 그날의 특별한 사항을 공유합니다. 그렇게 손님 맞을 준비를 끝내고 오후 5시 30분부터 레스토랑을 열어요.

영업 시작 전까지 일정이 빼곡하네요.

서비스가 다 끝나면 밤 11시 30분, 퇴근하면 12시 반에서 새벽 1시 무렵이에요. 다음 날 쓸 재료를 발주하고, 영업 시간 동안 온 연락을

3   패밀리 밀(family meal) 또는 스태프 밀(staff meal)이라고도 부른다.

확인하고 나면 그제서야 좀 쉴 수 있어요. 야식을 먹고
아내와 그날 있었던 이런저런 이야기도 나누고요. 새벽
3시 즈음 잠자리에 들어요.
이렇게 화요일부터 토요일까지의 일상이 대략 비슷해요.
아토믹스가 일요일과 월요일에 쉬거든요. 월요일은
아토보이에서 미팅을 하거나, 그 밖의 외부 미팅을 주로
잡습니다.

이 정도면 일주일 단위의 일정이 거의 최적화된 상황이라고 봐도
될까요. 너무 꽉 짜여서, 다른 스케줄의 여지가 있을지요.

아직 최적화되지 않았다고 생각해요. 가장 좋은 방식을
찾으려고 노력하는 중이죠. 아토보이 하나만 운영할
때는 예상하지 못한 이슈가 있어도, 거기에만 집중해서
마무리할 수 있었어요. 그런데 아토믹스까지 열고
직원도 늘어나면서 이제는 아침이나 일과 이후의
시간을 효율적으로 보내야 해요. 낮에는 직원과 함께
일해야 하고, 물리적으로도 이곳저곳 이동해야 할 때가
많거든요. 신경 쓸 부분이 많다 보니 자투리 시간 동안
이슈를 정리해둬야 앞으로 나아갈 수 있어요. 누구에게나
생각을 정리할 수 있는 아침과 밤 시간이 중요할 텐데요.
저도 여전히 시간 관리법을 고민 중이에요.

요리도 결국 팀으로 완성한다

'셰프'라는 직업의 어떤 점이 가장 흥미로운가요?

> 음식은 모든 사람의 일상과 함께해요. 그래서 미술이나 패션, 영화 등 다른 예술 분야보다 빨리 인정받는다고 해야 할까요. 아토믹스에서의 일도 음식을 먹는 행위와 관련되어 있으니 대중적인 예술 분야라고 봅니다.
> 특히 파인 다이닝은 인간에게 꼭 필요한 것과 필요하지 않은 것의 경계에 있다 보니 특별한 측면이 있어요. 영양 공급이라는 음식의 필요조건과 극한의 예술 사이에서 소비되며 독특한 범주를 개척하죠.

대중과 예술, 두 마리의 토끼를 잡아야겠군요.

누구나 음식을 소비하지만, 그렇다고 모든 사람이 셰프의 음식을 이해하는 건 아닐 수도 있어요. 음식은 누구나 판단할 수 있는 분야예요. 각자가 결론 지을 수 있죠. 그래서 상대의 생각이 틀렸다고 말하기가 어렵습니다. '셰프'라는 하나의 직업군에서도 파인 다이닝, 캐주얼 레스토랑, 프랜차이즈 사업 등 각자 추구하는 분야가 다르거든요. 예컨대 백종원이 맞고, 피에르 가니에르(Pierre Gagnaire)[4]가 틀리고의 문제가 아니에요. 셰프의 역할은 어떻게 하면 자신의 철학과 표현 방식으로 많은 사람에게 영향을 미칠 수 있을지, 음식을 통해 더 많은 사람에게 행복을 줄 수 있을지 고민하는 데 있다고 봅니다.

사람들이 행복을 느낄 수 있도록 레스토랑 차원에서 신경 쓰는 부분은 무엇인가요?

레스토랑에서 음식에 관해 가장 신경 쓰는 두 가지는 가격과 메뉴입니다. 이 두 가지를 통해 저희가 손님에게 직접 다가가니까요. 가격은 사전 조사를

4 　퓨전 요리의 선두주자이자 수많은 유명 셰프가 존경하는 프렌치 그랑 셰프. 파리 태생으로 15세에 요리를 시작한 이래 지금까지도 프랑스 요리사 중 가장 창의적인 인물로 꼽힌다. 서울, 런던, 파리, 도쿄, 두바이 등 세계 곳곳에서 자신의 이름을 내건 프렌치 레스토랑을 운영하고 있다.

통해 결정해요. 주변 레스토랑이 어느 정도의 가격을
매기는지, 손님들의 지불 의향은 어느 정도인지, 뉴욕
식당들의 전반적 가격대를 많이 고려하죠.
메뉴는 실제로 바꿔보지 않으면 모르는 문제라서 사실상
감으로 결정해요. 아무리 새로 개발한 메뉴가 좋다고
생각해도 손님의 선호와 일치하는 경우는 흔치 않아요.
빠르게 시험해보면서 틀 안에서 조금씩 발전해나가는
방식이 좋죠. 저희 레스토랑은 아직 젊은 편이니
다양하게 시도하려고 해요.

요리만 잘한다고 좋은 셰프는 아니겠네요. 셰프의 다양한 역할을
잘 해내려면 어떤 역량이 가장 중요한가요?

파인 다이닝 레스토랑의 오너셰프, 오너가 따로 있는
상태에서 고용된 셰프, 프랜차이즈 셰프 등 업의 형식에
따라 중요 역량이 다를 텐데요. 모든 걸 다 잘할 수 있다면
좋겠지만 누구도 그렇지 않아요. 각자 상황에서 뭐가
중요한지 파악하고 거기에 힘을 싣는 게 중요하겠죠.
아토보이만 운영할 때와, 아토보이와 아토믹스를 함께
운영하는 지금의 중요 역량이 달라요. 또 레스토랑을
오픈한 지 한두 달 지났을 때와 1년 무렵 지난 지금도 너무
다릅니다. 초반에는 관리자와 셰프로서 운영 시스템을
짜고, 레스토랑의 주요 메뉴를 개발하고, 재료를 적절한

공급처에 주문하는 일들이 중요했어요. 요즘은 미팅이 차지하는 비중이 훨씬 커졌습니다. 주방, 홀 직원들과 이야기하면서 이 사람의 장점을 어떻게 이끌어내고 더 개발할 수 있을지 고민해요. 레스토랑 바깥의 사람을 만나며 우리 레스토랑의 성장 가능성을 모색하는 부분도 빼놓을 수 없고요. 셰프의 가장 중요한 역량은 자기 색을 보여주는 것이에요. 하지만 요리도 결국 '팀'으로 완성하기 때문에 팀을 이끄는 다양한 리더십을 고민해야 하죠.

어떻게 팀을 이끄는지 물어보지 않을 수 없네요.

동료에게 자극과 영감을 주며 함께 성장할 수 있는 방법은 평소에도 논의하지만, 이 방법들이 모두에게 통하지도 않고, 그렇게 기대하지도 않습니다. 일의 목적과 역할, 좋은 근무 조건이 사람마다 각각 다르니까요. 그래서 모두 다르게 접근하는 게 좋다고 생각해요. 팀의 목표를 하나로 통일하거나 제 개인의 목표를 강조하기보다는 각자의 니즈를 읽어주는 것이 중요합니다.

각자의 다양한 니즈를 읽어내는 방법이 있을까요?

결국 제가 해야 할 일을 잘하는 것이 팀원과 레스토랑에 가장 도움이 된다고 생각합니다. 머릿속으로는 이 친구가 어떤 니즈가 있는지 읽어내고 노력해야 한다는 생각을 하는데, 정작 실천은 어렵더라고요. 제 일 하기도 바빠서…. (웃음) 슬픈 이야기지만, 요리사의 삶이 힘겹다는 기사를 본 적이 있어요. 특히 개인의 삶이나 가정이 안정적이지 않을 때, 그보다 더 많은 에너지가 필요한 레스토랑 비즈니스를 밀고 나가기 힘든 시대가 왔으니까요. 특히 직원 관리가 쉽지 않죠. 세대도 달라졌고요. 오너셰프로서 동료에게 도움을 주려는 마음은 크지만, 재정 문제나 개인 문제는 동기 부여만으로 극복하기 쉽지 않아요. 제 길을 확실한 가치관을 가지고 걷다 보면, 그 길을 함께 걸을 사람은 따라오고, 아닌 사람은 자기 길을 찾아가겠죠. 그만큼 개인의 선택이 충분히 가치 있으므로 저는 모든 개인의 선택을 지지할 뿐입니다.

레스토랑 두 곳의 셰프로 동시에 일해서 힘든 점과 좋은 점은 무엇인가요?

힘들고 좋은 점이 같아요. 사람을 믿어야 한다는 것. 물리적으로 제가 두 레스토랑에 동시에 있을 수 없으니 레스토랑의 매니저를 비롯, 모든 직원이 자기 역할을 잘하고 있다고 믿어야 해요. 누군가를 온전히 신뢰하고 나와 같은 마음으로 생각하는 일이 쉽지는 않지만, 참 좋기도 합니다. 저희 레스토랑은 규모가 크지 않은데도

매일 똑같이 반복돼요   **181**

직원이 50명에 이릅니다. 처음 아토보이를 오픈했을
때는 10명에서 시작했어요. 다섯 배 가까이 커졌으니,
제가 감당해야 할 것도 늘어났죠. 외식업은 이직률이
높아요. 직원이 자주 들어오고 나갑니다. 사람에게
상처받기도 하지만, 가장 행복한 순간도 사람과 함께
와요.

셰프의 삶에 또 다른 고충이 있다면요?

없습니다. 아토보이는 이제 3년, 아토믹스는 오픈
1년을 겨우 넘긴 시점이니 아직 얼마 안 된 거죠. 그간
고충이라고 표현할 만한 힘듦이나 스트레스, 아이디어
고갈은 별로 없었어요. 오히려 고마움이나 즐거움이
훨씬 많죠. 말도 안 될 정도로 짧은 시간 동안 벅찰
만큼 좋아해주셔서 감사하고 행복할 따름입니다.
뉴욕에 정식당 오픈 멤버로 온 것이 2012년이에요.
그 경험도 참 좋았습니다. 그리고 2018년 제가 직접
오픈한 아토믹스가
다양한 기관에서 좋은
평가를 받았어요.
월드 베스트 레스토랑
50(The World's 50
Best Restaurants)[5]

5   2002년 영국 요리 잡지
《레스토랑(Restaurant)》이 시작한
레스토랑 평가지로 현재는 영국
미디어 회사 윌리엄 리드 비즈니스
컴퍼니(William Reed Business
Company)에서 순위를 발표하고 있다.
셰프, 레스토랑 경영자, 미식가, 비평가
등이 평가한다.

119위에 오르고, «미쉐린 가이드»에서 첫해에 1스타,
이듬해 2스타를 받는 등 매우 고마운 일들이 생겨났어요.
이 길을 열심히 걸어야겠다는 생각만으로도 힘듦을
잊을 수 있습니다. 스트레스는 없어요. 원래 성격이
긍정적이기도 하고, 감정의 동요가 많은 편도 아니에요.
좌절하는 경향이 없다고 해야 하나요. (웃음)

이해림, '뉴욕의 한식' 칼럼 중,
(«지큐 코리아(GQ Korea)»,
2018년 9월호)

3세대 뉴욕의 한식은 어느 정도의 완성도일까. (⋯) 아토보이는
반찬을 타파스 스타일로 풀어낸 콘셉트로 호평을 받은 곳이다.
서울에서보다는 과감하게 한식의 문법을 뉴욕에 이식시킨
관점을 갖고 있다. 창의의 관점에서는 더욱 자유로운 한식이며,
동시에 한식이 아니기도 한 독특한 캐릭터다. 아토믹스는
구태의연한 코스 구성을 박정현 셰프 방식으로 변형해 구이,
찜, 튀김 등 조리법에 따라 완전히 새로운 기준으로 코스를 짠
파인 다이닝이다. (⋯) 이민자로서가 아니라 개척자로서 뉴욕에
도착한 이들 요리사들의 음식은 사실 한국과 한식, 그리고
한식 세계화를 의식하지 않은 음식이다. 뉴욕에서 레스토랑
비즈니스를 하면서 한국과 한식과 한식 세계화에 발목 잡혀
있을 이유가 조금이라도 있을까. 명확한 확신을 가진 엘리트
요리사들은 뉴욕의 다이너들과 전 세계에서 찾아드는 여행자들을
위한 자신의 음식, 단지 음식을 선보이는 사명에 집중한다. 그리고
뉴욕과 세계가 그에 응답해 뉴욕에서 한식은 그토록 매력적인
현상이 될 수 있었다.

매 순간의 크고 작은 영향력이 모여 커리어를 만들다

수많은 가능성 중 요리에 관심을 갖고 배우기 시작한 계기가 무엇인가요?

특별한 계기가 있지는 않았어요. 다만 요리를 한다고 저를 말리는 사람도 없었죠. 어머니와 아버지 모두 일을 하셔서 형과 둘이 집에 있을 때가 종종 있었어요. 그러면 어머니께서 준비해둔 반찬을 꺼내 저녁상을 차리는 일이 제 몫이었거든요. 주방 일을 귀찮아하거나 동떨어진 걸로 느끼지 않았어요. 제가 10대 초반일 무렵, 한국에서는 만화책은 물론 TV 쇼나 드라마에서 음식 이야기가 점점 많아지고, 여러 콘텐츠를 통해 '요리사'라는 직업이 수면 위로 올라오고 있었어요. 이전까지는 음식점은 있어도 요리사라는 개념이 없었거든요. 요리사가 프로 직업으로 처음 논의되던 시절이었죠. 이 직업에 호의적인 미디어의 영향으로 요리사를 해보고 싶다는 막연한 생각을 했습니다. 박효남[6] 셰프를 다룬 〈성공시대〉라는 TV 프로그램이 기억나요. 만화책 《미스터 초밥왕》도 재미있게 읽었어요. 그렇게 이 직업에 관심을 가졌습니다.

그 관심을 부모님도 알고 있었나요?

중학교 2학년 즈음, 부모님께 요리를 배우고 싶다는 이야기를 처음 꺼냈어요. 한국조리과학 고등학교가 설립되었다는 뉴스를 보고 무작정 상담을 받기도 했고요. 집에서 너무 멀기도 했고 새로 설립한 학교라서 아직 어수선하다는 이유로 부모님은 반대하셨어요. 대신 이듬해 방학에는 요리학원을 다닐 수 있게 해주셨죠. 그때부터 한식조리사 자격증도 따고 이런저런 도전을 이어가며 꿈을 키워나갔어요.

6   박효남 셰프는 1961년 춘천에서 태어났다. 1978년 그랜드 하얏트 서울에서 경력을 쌓고 실력을 인정받아 1983년부터 2015년 1월까지 밀레니엄 힐튼 서울의 총주방장 조리 상무로 30년 이상 근무했다. 2014년에는 고용노동부와 한국산업인력공단이 공동 선정하는 '대한민국 요리 명장' 칭호를 받았다. 현재 세종호텔 총주방장 겸 전무이자 대학교수로 후학 양성에 힘쓰고 있다. 2001년 MBC의 〈성공시대〉 150회차에서 박효남 셰프의 사연이 소개되었다.

평생 요리를 업으로 삼아야겠다는 비장한 결심이 있었던 것은 아니지만요.

그 후 경희대 조리학과를 졸업하고 바로 런던으로 가 해외 경력을 쌓았습니다.

원래는 요리 공부를 더 할 생각이었어요. 학부 졸업 후 뉴욕 요리학교인 CIA[7]로 유학을 가고, 그 후 퍼 세(Per Se)[8] 같은 유명 레스토랑에서 경력을 쌓아야겠다는 정도의 계획이었어요. 그런데 학부 시절인 2007년, 영국 런던의 레드버리 (The Ledbury)[9]에서 반년 정도 일할 때 브렛 그레이엄(Brett Graham) 셰프를 보며 자연스레 마음이 바뀌었습니다. 현장에서 이렇게 뛰어난 셰프와 동료들에게 일을

7   The Culinary Institute of America. 미국의 요리 명문 학교. 독립적으로 운영하는 비영리 전문대학으로 세계 최고 수준의 전문 요리 수업과 기술 교육을 제공한다. 본교는 뉴욕주 하이드파크에 위치하며 그 외에 미국과 싱가포르에 세 개의 분교가 있다.

8   미국인 최초로 미쉐린 3스타를 받은 토마스 켈러(Thomas Keller)가 론칭한 곳으로 맨해튼 센트럴 파크 옆에 있다. 모던 아메리칸 스타일의 요리와 프랑스 음식을 선보인다.

9   런던 노팅힐 레드버리가에 위치한 미쉐린 2스타 레스토랑. 월드 베스트 레스토랑 50에 등재되기도 한 곳으로 호주 출신 브렛 그레이엄 (Brett Graham)이 수석 셰프를 맡고 있다.

생생하게 배울 수 있는데 굳이 돈을 써서 학교로 들어갈 필요가 없겠더라고요. 그렇게 계획을 바꿔, 졸업 후 호주로 떠났어요. 2008년 봄이었죠. 당시만 해도 제 목표는 오직 미쉐린 스리 스타급 파인 다이닝 레스토랑의 셰프가 되는 것이었어요. 하지만 호주에서 만난 커틀러 앤드 코(Cutler & Co.)[10]의 셰프, 앤드루 매코널 (Andrew McConnell)과 일하며 시야가 넓어졌습니다. 그와 함께 파인 다이닝 레스토랑뿐 아니라 캐주얼한 분위기의 가게 등, 분위기가 다른 세 곳의 레스토랑에서 일했거든요. 캐주얼한 음식도 손님과 요리사의 삶에 행복을 줄 수 있다는 사실을 온전히 이해하게 되었죠.

함께 일한 사람들의 영향을 받으며 계획을 수정해 나갔군요. 그중에 특별한 스승이 있나요?

모든 사람이 크고 작은 영향을 주며 세상을 바꾸어 나간다고 생각해요. 돌이켜 보면 학창 시절에도 존경하는 선생님이 없었거든요. (웃음) 오히려 가장 큰 자극이 되는 것은 제 자신이죠. 물론 레드버리의 브렛 셰프나 커틀러 앤드 코의 앤드루 셰프, 정식당의 임정식 셰프를 만나지 않았다면, 지금 제 삶의 모습이 다를 수도

10   호주 멜버른의 투 햇 (hat) 레스토랑. 햇은 호주의 《미쉐린 가이드》에 비견되며, 미쉐린 별점과 유사하게 '햇'이 삼단계로 부여된다.

있을 겁니다. 특히 앤드루가 없었다면 지금의 아토보이도 없었을 것이고요.

하고 싶은 일이 있다는 그 자체가 행복

이제는 스스로 '셰프다움'에 관해 정의를 내릴 수도 있겠네요.

모든 시련을 뛰어넘을 만큼 음식과 요리를 사랑해야 해요. 육체적, 정신적으로 많은 시간과 에너지를 쓰는 직업이고 노동과 열정에 따른 보상이 다른 분야에 비해 뛰어나지 않은 것도 사실이거든요. 이 일을 아무리 사랑해도 힘든 상황이 이어질 수 있어요. 사람들의 반응이 없으면 '왜 나의 노력을 알아주지 않을까' 하는 괴로움도 종종 찾아오고요. 그때 버티게 하는 힘이 요리를 사랑하는 마음입니다. 그러니 그걸 감내할 만큼 요리를 좋아하는지가 중요해요. 결과적으로는 요리를 정말 좋아하는 것이 '셰프다움'일 겁니다. 그래야 모든 고생이 말이 되거든요. 자기 분야를 좋아해야 아무리 고생을 해도 결정을 후회하지 않고 남들에게도 떳떳하게 말할 수 있어요. "너도 도전해봐"라고요.

셰프가 되고자 하는 사람에게 조언한다면요?

첫째, 많이 먹어보세요. 물론 식사 경험을 너무 훈련이나 공부로만 생각하지 말고 삶의 즐거움으로 여겨야 지치지 않고 이 일을 오래 할 수 있어요. 해답을 찾는 목적에 과정이 매몰되는 순간부터는 답을 찾아야 한다는 강박에 시달릴 수 있고, 그러면 경험을 통해 온전히 배우기 어려워집니다. 저 또한 그런 시절을 겪었거든요. 좋은 음식, 그리고 외식 경험은 그 자체로 누구나 즐길 수 있어요. 요리사에게는 그게 좋아하는 일일 테니 얼마나 더 즐겁겠습니까. 둘째, 가치를 기꺼이 지불하게 하는 요소를 만들어주세요. 그러려면 다양한 사람을 만나고 안목을 넓히는 것이 중요합니다. 셰프의 대부분이 열심히 살고 실력도 좋지만, 모두가 고객에게 좋은 반응을 얻지는 못해요. 예를 들어, 어떤 손님이 10만 원짜리 저녁을 먹으러 올 때 음식만 기대하지는 않겠죠. 요리사와 스태프가 입은 옷, 적절한 조명, 편안하고 아름다운 가구, 이곳만의 공기…. 이 모든 요소와 경험이 가격으로 뭉뚱그려져요. 만약 '내 음식은 어디에 내도

부끄럽지 않은데 왜 고객에게 인정을 못 받나'라고
고민하는 셰프라면 다양한 분야의 사람을 만나고 음식
문화에 대한 시각을 넓혀야 진짜 보탬이 되는 방안을
하나씩 시도해볼 수 있어요. 무엇이 필요한지는 손님과
전문가를 만나 배워야 하지 않을까요?

요즘 가장 큰 고민은 무엇인가요?

제가 이제 서른 중반인데요. 지금까지는 어디서
실패했다고 생각해본 적이 없어요. 생각하는 대로
살아왔고, 그 일이 잘 풀렸어요. 복권 당첨처럼
오로지 운으로 얻은 것은 아니지만, 대체로 결과가
만족스러웠어요. 기다리고 기대한 것이 좌절되거나
실패했다는 생각을 한 적도 없고요. 늘 제 예상 범위,
감정적으로 다룰 수 있는 범위 내에서 일이 일어났어요.
미국에 온 뒤로 영주권도 잘 해결되었고, 어렵게 오픈한
레스토랑도 이제는 재정적으로 안정을 찾으며 정착
중입니다.
굳이 지금의 고민을 꼽자면…아토보이와 아토믹스가
앞으로 20~30년간 저를 대표하는 공간으로 지속될 수
있을지 고민입니다. 이상적인 말인지도 모르겠지만요.

앞으로 어떤 도전을 하고 싶은지요.

레스토랑이 지나치게 셰프 중심으로 운영되는 부분을 바꿔보고 싶어요. 충분히 좋은 레스토랑이면서 셰프가 절대적인 위상을 차지하지 않는 곳도 많거든요. 지금 아토보이나 아토믹스에서는 어려울 수도 있지만 언젠가 그런 레스토랑에도 도전하고 싶어요. 그곳을 방문하는 사람들이 "(제 별명인) JP 셰프가 하는 곳이야"가 아니라 "여기는 아주 맛있는 레스토랑이야" 하는 식으로, 레스토랑 이름만으로 기억할 수 있도록 말이죠. 그렇게 레스토랑 자체의 힘으로 오래갈 수 있는 곳을 만들고 싶어요.

셰프 일에서 확장되는 다른 분야의 일을 생각해본 적이 있는지 궁금합니다.

평생 셰프를 할 생각은 없어요. 이 레스토랑을 실질적으로 계속 유지할 수는 있겠죠. 토머스 켈러[11]가 셰프이면서 단순한 현업 셰프가 아닌 것처럼 각자의 나이와 지위에 맞는 역할이 있다고 봐요. 요리를

11   토머스 켈러는 프랑스에서 기 사보이(Guy Savoy) 등 명성 높은 프렌치 레스토랑에서 경력을 쌓은 뒤 뉴욕에서 활동하다가 1994년 캘리포니아 욘빌(Yountville)의 평범한 레스토랑인 프렌치 론드리(The French Laundry)를 인수해 전 세계 최고의 레스토랑으로 키운 전설적인 미국인 셰프다. 현재 그는 토머스 켈러 레스토랑 그룹(TKRG) 산하에 프렌치 론드리와 퍼 세를 비롯, 미쉐린 스타 레스토랑과 베이커리를 10개 이상 총괄하고 있다.

잘하는 기술자로서의 역량은 시간이 지나면 줄어들
테고 그만큼 다른 능력을 키워야 하지 않을까요? 저도
이 경력을 토대로 보다 영향력 있는 일을 하고 싶어요.
아예 다른 분야에 대한 동경도 있어요. 음악 관련한 일을
해보고 싶고, 언젠가는 건축도 하고 싶어요. 제가 원하는
공간을 디자인하고 만들어 낼 수 있는 사람이 되고
싶습니다.

삶에서 추구하는 가치는 무엇인가요? 인생에 원칙이 있다면요.

스스로 생각하는 장점은 다양한 생각을 인정한다는
것이에요. 아내는 제 고집이 세다고 하지만요. (웃음)
삶의 가치도 여러 가지를 동시에 추구할 수 있다고 봐요.
저와 다른 의견을 포용하고 인정하는 게 역설적으로
저를 성장하게 해요. 인생에서도 특별한 원칙은 없어요.
흘러가는 대로 살죠. 그러다 보면 흥미 있는 일이
생기고, 거기에 집중하며 그것을 따라갑니다.
사람들이 행복을 중요하게 여기잖아요? 저에게는
하고 싶은 일이 계속 있다는 것 자체가 행복이에요.
궁금하거나 알고 싶은 분야가 없어진다면 아무리
돈이 많아도 얼마나 허전할까요. 흥미 있는 일, 하고
싶은 일을 항상 찾으려고 노력하고, 제 내면에 귀를
기울입니다.

그런 인생의 지향점이 무엇인지도 궁금합니다.

더 나은 세상으로 바꾸는 것. 작은 변화가 모여 큰 변화를 만들고 그러면 조금이라도 더 나은 세상이 되겠죠. 저 스스로가 더 좋은 사람이 되는 것도 세상을 바꾸는 일 중 하나라고 생각해요. 지금 마음속에 품은 목표는 한국의 음식과 식문화를 뉴욕 대중에게 잘 알리는 것이고, 아토믹스가 지난 1년간 그 역할을 했다고 생각합니다. 아토믹스를 통해 뉴욕 다이너들이 반찬, 찌개, 전 등 한국에서 사용하는 조리 용어와 음식을 표현하는 단어를 자연스럽게 배우고 있어요. 일본의 가이세키[12], 핫슨[13], 시소[14] 같은 말이 별도 설명 없이도 미국에서 엄연한 단어로 불리는 것처럼, 한식 관련 단어가 자리 잡는 과정에 제가 조금이나마 기여하는 것 같아서 자부심이 생기고

12   본래는 다도에서 다과회를 열 때 주인이 손님에게 요리를 대접하는 것을 뜻하지만 일본식 코스요리를 일컫는 말로 사용되기도 한다. 연회나 회식 자리에서 정해진 순서에 따라 나오는 것을 하나씩 먹는 방식이다.

13   가이세키 요리에서 다섯 번째로 나오는 요리. 일본어로 '여덟 마디'라는 뜻으로 한 마디가 약 3센티미터, 24센티미터 길이의 접시에 여러 요리를 담아낸다.

14   차조기를 지칭하는 일본어. 일본요리 재료로 사용되며 강렬한 맛에 쌉쌀한 맛을 더하기 위해 넣는 경우가 많으며 등 푸른 생선류와 궁합이 좋아 초밥 재료로 자주 사용된다. 한국의 깻잎과 유사하다.

만족스럽습니다. 당장 눈에 보이는 큰 변화는 아니지만 제가 속한 세상을 조금씩 제가 원하는 대로 바꿔나가는 과정이니까요.

박정현은 1984년 서울에서 태어났다. 경희대 호텔조리학과에 다니던 중 런던의 미쉐린 2스타 레스토랑인 레드버리에서 인턴십을 하며 진로를 정했다.

—

학부 졸업 후 호주 멜버른의 커틀러 앤드 코에서 2008년부터 2010년까지 2년간 셰프 드 파티(chef de partie, 수석 조리장)로 경력을 쌓았다.

—

이후 '뉴 코리안'이라는 새로운 파인 다이닝 장르를 개척한 임정식 셰프의 정식당 뉴욕 오픈 멤버가 되었다. 2010년부터 2015년까지 3년간 뉴욕에서 정식(Jungsik)의 현지 헤드 셰프로 재직하며 미쉐린 2스타를 획득하는 데 기여했다.

—

2016년 2월, 아내와 공동으로 미국 뉴욕에 캐주얼 레스토랑인 아토보이를 열고, 2018년 5월에는 파인 다이닝 레스토랑 아토믹스를 열었다. 아토보이는 개점 후 《뉴욕타임스》에서 별 두 개를 받고 《미쉐린 가이드》 뉴욕 빕 그루망 리스트에 지속적으로 이름을 올리고 있으며, 아토믹스는 오픈 첫해에 미쉐린에서 1스타를 받고, 이듬해에는 2스타를 받았다. 또 월드 베스트 레스토랑 50의 리스트에도 올랐다. 이처럼 그의 레스토랑은 두 곳 모두 업계의 호평을 받으며 뉴욕 다이닝 신의 관심을 끄는 중이다.

—

instagram @jparkato

박정현
Junghyun Park

"

세계 최고의 레스토랑으로 손꼽히는 스페인의
엘 세예 데 칸 로카(El Celler de Can Roca)는 시내에서
레스토랑이 있는 도시 외곽으로 운전해서 찾아가는 경험,
레스토랑 구역에 들어왔을 때의 환대, 공간을 구성하는
다이닝 홀과 정원의 전망, 서비스와 와인 리스트까지
모든 것이 맞아떨어진다는 느낌이 있어요. 물론 어려운
일입니다. 돈이 많이 들고, 개인이 그런 공간을 기획해서
실현하기는 사실상 불가능할 수도 있고요. 하지만
어떤 레스토랑이든 이런 지향점을 참고로 삼을 수
있다고 봅니다.

"

**Mihyun
Ha**

하미현

Seoul

하미현은 전국을 여행하며 농부와 함께 제철 식재료를 주제로

아닌 그가 한국과 세계의 음식 문화를 탐구하는 이유는 나라와

이다. 그는 입에서 입으로 이어지는 농부와 토박이의 음식을 '

결핍에 의해 만들어진 한국의 오래된 맛, 아름다운 문화를 모

프로그램을 진행하는 음식 연구가다. 요리 전공자도 인류학자도
려나 누구에게든 보편적으로 좋은 것을 소개하고 싶은 마음 때문
'이란 이름으로 대중에게 소개하며, 고유한 기준을 마련해 생존과
.

때맞춰 요리해 먹는 문화가 아름답습니다

서울 서대문구 연희동 아부레이수나 부엌,
2019년 10월 23일 수요일 오후 2시

시간을 따라잡아야 할 수 있는 일

(주황빛 음료가 든 긴 컵을 건네며) 이건 살구 넥타
(nectar)예요. 충남 금산에서 어떤 농부가 살구로 진한
과일즙을 만들었는데 맛이 좋더라고요.

고맙습니다, 잘 마실게요. 얼마 전 금산에 다녀왔다고 들었어요.

5년 전 우연히 농업 관련 지역 센터와 일하면서 알게
된 다섯 명의 토박이 농부가 있어요. 도시와 달리
농부들과는 1년에 한 번만 연락해도 인연이 꾸준히
이어져요. 그들에게 오랜만에 연락이 왔는데, 본인들이
재배하는 농산물을 소개하고 싶으니 도와달라고
하더군요. 제가 평소에 '부엌 여는 날'이라는 이름으로

행사를 여는데, 이번에는 금산에서 '건건이'를 주제로 워크숍을 열어 그분들이 해 먹는 음식을 같이 배웠습니다.

건건이는 무슨 뜻인가요?

토박이 입에서 전해오는 말로 '밑반찬'이란 뜻이에요. 누가 그런 걸 먹냐고 할 수 있어요. 이런 밑반찬이 태어난 배경이 실은 농부에게 아픈 역사일 수도 있고요. 그런데 제가 보기에는 작은 고추라도 그 하나를 때에 맞게 요리해 먹는 문화가 참 아름답더라고요. 모든 게 날아다니다시피 빠르게 변하는 시대에, 거의 기어 다니는 속도로 살펴야 느낄 수 있는 식문화겠죠. 대신 '찰나에 먹는 음식' 문화에 대한 감동을 느낄 수 있어요. 그때 시의적절하게 먹는 음식은 농부나 토박이가 제일 잘 알거든요. 천천히 담근 몇 가지 장을 네다섯 가지 밑반찬과 버무려 재빨리 해 먹는 거죠. 우리가 '슬로푸드'라고 말하는 게 실은 '슬로 패스트푸드'라는 생각이 들더라고요. 농부들이 이거 먹고 일 나가야 하는데 언제 고명 올리고 있겠어요. 전 이 방식이 더 현대적이라고 생각해요.

2018년에 쓴 《입말한식》[1]을 보면서 고추도 이렇게 종류가 많은 줄 몰랐어요. 그동안 청양고추, 아삭이고추, 오이고추 정도만 알고 있었는데, 아까 말한 애동 고추 외에도 수비초 토종, 칠성초 등 정말 다양하더군요.

올해는 주로 강원도 지역을 돌아다녔어요. 한 번은 외국인과 함께 DMZ 관련 워크숍을 열었는데, 이 지역 음식을 주제로 '입말 음식' 행사를 열어달라는 요청을 받았어요. 지도를 보면 군사분계선 바로 아래에 화천, 연천, 철원, 고성이 있어요. 강원도는 황해도, 함경도와 맞닿은 곳인데 38선이 생기면서 일부 지역이 이남이 된 거죠. 이곳의 감자와 옥수수도 이북 땅에서 온 종자가 많은데, 먹는 방식이 조금씩 달라요. 예를 들어 함경도에서는 감자를 갈아 만두로 만들 때 그 속에 고기나 배추를 넣어 먹고, 강원도에서는 그 속에 콩을 넣어 먹기도 하고요. 제 직업 때문에 이런 시선을 가질 수도 있지만 경계에 걸친 지역의 씨앗 하나에도 식문화가 흐르고 있음을 느껴요.

경계에 걸친 감자와 옥수수를 접하면서 그 너머의 기원과 문화를 함께 접할 수 있겠군요.

같은 맥락에서 보면 저도 경계인이에요. 전 1980년

1 입말은 구어 또는 구두어를 뜻한다. 글에서만 쓰는 특별한 말이 아닌 일상적인 대화에서 쓰는 말. '입말한식'은 입에서 입으로 이어지는 토박이와 농부의 음식을 뜻한다. 우리 고유한 식재료와 농부의 음식을 연구하는 하미현이 만든 새말로, 2018년 12월 동명의 책 《입말한식》을 펴냈다.

때맞춰 요리해 먹는 문화가 아름답습니다

부산에서 태어났어요. 부산은 매립지가 많아 역사가 짧고, 예전에 피난민이 밀물처럼 밀려왔다가 썰물처럼 빠져나가기도 해서 어디서 유래했는지 모를 정도로 다양한 문화가 섞여 있어요. 콩물에 콩국수랑 토스트를 같이 먹기도 하고, '나나스키'[2]라는 장아찌도 있죠. 그런 문화에서 살다가 20대 때 파리에서 의상을 공부하면서 서양 문화에 훨씬 익숙해졌어요. 제게 한국 문화와 역사, 특히 식문화는 여전히 낯설어요. 가끔 지역 축제 때 노래방 기기를 틀고 노래를 부르거나, 냇가에 오리, 백조 같은 큰 조형물을 띄워놓은 걸 보면 다른 나라에 온 기분이에요. (웃음)

현장의 농부들과 대화하는 데 어려움은 없었나요?

제가 만약 어느 종갓집 출신이거나 한국 전통 음식의 권위자로서 다가갔다면, 그분들이 불편해하거나 이만큼 마음을 열지도 않았겠죠. 저 또한 그들의 과거를 모르기 때문에 더 편하게 만날 수 있지 않았을까 싶어요. 제가 만난 토박이 농부들은 자신의 삶을 자랑스러워하거나 자긍심을 갖거나 그 음식을 대단하다고 느끼는 대신 부끄러워하는 경우가 더 많았어요. 가령 강원도

2　　　　　일본 나라 현(縣)의 절임(즈케)이란 뜻의 '나라즈케'에서 유래한 말. '나나께', '나나스께' 등으로도 알려져 있다.

양양의 김순옥 여사는 돈이 없어서 열네 살부터 감자를 캐고 몇 리를 걸어 팔면서 자기 동생을 먹여 살렸대요. 그에게 감자는 너무 지긋지긋하고 부끄러운 역사인 거죠. 그렇다 보니 제가 일하면서 이야기를 풀어내려면 '쟤, 정말 저렇게까지 모르나'라는 생각이 들 정도로 철부지인 척하는 게 낫더라고요.

다른 인터뷰에서는 당신의 작업을 '시간을 따라잡아야 할 수 있는 일'이라고 표현하더군요.

제철 식재료를 찾는 일도 중요하지만, 제가 준비하고도 막상 열지 못한 행사가 꽤 많아요. 무엇보다 자연이 허락해야 가능해요. 원래는 수수를 주제로 하는 행사를 준비 중이었어요. 농부나 토박이에게 수수는 1년이 시작되는 날인 정월대보름부터 마지막 추수 거두는 날까지 잔치 자리에 빠지지 않는 식재료예요. 그런데 올해는 태풍 때문에 때를 놓쳤어요. 그때가 지나가면 우리가 아무리 '아름답다, 빛이 좋다'고 해도 행사를 못해요. 그런 경우가 종종 발생합니다. 처음에는 속상했는데 요즘은 "내 소관이 아니니까"라며 웃으며 넘겨요. 저도 농부를 닮아가는지 모르겠어요.

농부처럼 그때에만 맛볼 수 있는 식재료를 만나려면 1년 내내 바쁘겠어요.

남편에게 가끔 "삶이 너무 짧을 것 같다"라고 말하기도 해요. 올해도 벌써 11월이잖아요. 감자, 옥수수 등 제철 식재료를 따라다니다 보면 1년이 열두 달이 아니라 아홉 달처럼 느껴질 때도 있어요. 농부에게 농한기가 있는 것처럼 저도 12월과 1월은 비슷하게 쉬어요. 12월에 대부분의 일을 마무리 짓고, 1월에는 쉬면서 다른 나라의 입말 음식을 만나러 가기도 해요. 그렇게 실제로 일하는 날을 계산해보면 6~7개월밖에 안 되더라고요. 옥수수를 때에 맞춰 1년에 한 번씩 만난다고 하면, 10년을 살아도 열 번밖에 못 만나요. 순간에서 영원을 본다는 말처럼, 지나간 순간을 돌아보면 꽤 길었던 시간처럼 보이기도 하고요. 제가 이 일을 언제까지 할 수 있을지 장담은 못하지만 스스로 살아 있다는 생각이 들어요. 1년이 매우 다채롭거든요.

일이 자연스럽게 내게 왔다

음식을 지금처럼 대하기 전에는 바쁘게 지냈다고 들었어요.
처음에 패션을 공부한 계기가 있을까요?

제가 고등학생, 대학생일 때 부산에는 일본에서
건너온 '구제'가 유행했어요. 국제시장, 남포동 일대에
현란한 색깔의 옷도 많았고요. 어머니는 막내딸인
제게 희한한 옷을 많이 사다 주셨어요. 어머니 영향도
있었겠지만, 제가 어떤 사람인지 옷으로 표현하고
드러내는 걸 좋아했던 거죠. 초등학교 때 선물 받은,
형광색 끈의 빨간색 스니커즈가 지금도 기억나요.
그 조합이 이상했는지 친구들이 저를 꽤 놀렸어요.
어떤 뿌리가 있는지도 모른 채 나막신을 신고 다니고,

희한한 스타일의 옷 때문에 어르신들에게 욕 듣는 게 일상이었고요. (웃음) 버스를 타면 사람들이 늘 이상하게 쳐다보거나…. 그런 삶을 살다 보니 스무 살 때 패션을 전공하는 게 당연하다고 생각했어요.

옷을 통해 자신의 세계를 더 잘 표현하고자 했군요.

맞아요. 그런데 막상 학교에 가보니, 제가 패션과 맞지 않다는 걸 확실히 알게 되었어요. 좋아하는 색깔을 찾거나 스타일을 만들고 표현하는 것까지는 괜찮은데, 그 옷을 직접 만드는 건 또 다른 일이더군요. 제 손은 툭탁툭탁 하는 농부의 손처럼 좀 투박해요. 섬세하게 뭔가를 한 땀 한 땀 하는 성격은 아니었어요. 큼직하게 떨궈놓고 보면 괜찮다 싶지만 깊이 들어가면 안 돼요. (웃음) 결국 그 일을 하면서 광고 아트 디렉터라는 직업으로 자연스럽게 연결되었어요.

광고 아트 디렉터라는 직업은 마음에 들었나요?

저는 스스로를 드러내고 표현하는 성정의 사람이더라고요. 패션을 공부할 때와 마찬가지로, 광고 일을 할 때도 행복하지는 않았어요. 남 일을 한 것 같고 왠지 모르게 다 표현되지 않는 느낌이라 마음이 시원하지도 않았어요. 광고 현장에서는 30명에서 60명의 스태프가 모여 일해요. 촬영 세트장을 만드는 데 4000~5000만 원씩 들어요. 지금은 아마 더 비싸겠죠. 그걸 만들고 촬영 마치는 그날 다 철거해버려요. 어느 날은 제삼자의 시선으로 그 찰나를 바라본 기억이 나요. 촬영 현장을 지켜보고 있는 나를 또 저 멀리서 지켜보는데 이런 생각이 들더군요. '내가 지금 뭐 하고 있는 걸까', '카메라에 보이는 데까지만 세트를 만들고, 다시 부숴버려 없어지고, 그럼 저 안에는 뭐가 있지?' 제가 이런 고민을 했던 걸 보면, 결국 제가 있을 공간이 아니었겠죠.

결국 업을 바꿔야겠다고 다짐하는 계기가 되었겠군요.

그러던 중 남편과 우연히 절의 명상 프로그램에 참여해서 사찰 음식을 먹었는데, 오래 알던 누군가를 만난 느낌이었어요. 말을 굳이 섞지 않아도 서로 이해할 수 있는 사람처럼요. 그때 음식이 더덕 잣 무침과 단호박 호두였어요. 흰 더덕 편에 소금을 살짝 뿌려 간을 맞추고, 잣이랑 배를 갈아 만든 소스를 더덕무침에 올렸고요. 꿀에 절인 호두를 빻고 동그랗게 빚어서, 찐 단호박 한 조각 위에 올려 만든 후식이었어요. 재료끼리 만났을 뿐이라서 그 음식을 어떻게 만든 건지 훤히 보였어요.

그걸 먹으며 어떤 맛이나 레시피가 아니라, 제게 맞는 무언가를 찾은 느낌이었어요. 그 후로 광고 일을 하면서 시간 날 때마다 사찰을 다녔고, 자연히 음식을 접하게 되었습니다. 광고를 그만두겠다고 다짐한 게 아니라, 이 일이 자연스럽게 제게로 왔어요.

한식을 해체해 다시 전통의 본질로 돌아가다

그때 그 음식이 왜 와닿았을까요?

사실 사찰 음식과의 인연은 딱 거기까지였어요. 사찰 음식이 갖고 있는 고정된, 선 밖으로 나가면 안 될 것 같은 법칙이 결국 저랑 잘 맞지는 않았어요. 그런데 그때 그 음식이 왜 울림을 줬을까 돌이켜보면, 그 안에 한국 음식의 본질이 있었어요. 사찰에서는 세상을 다섯 개의 원소(물, 불, 흙, 공기, 비어 있음)로 바라봐요. 제가 만났던 입말 음식도 사람들이 생존하기 위해 5원소 안에서 다 해 먹고 살아온 흔적이더라고요. 사찰 음식이라서 좋았다기보다, 그 음식이 곧 정수인 거죠. 우리나라의 불교는 고려시대부터 한 번도 끊이지 않고

하미현, 《입말한식》 중 '집안의 보물,
달콤한 팥 맛을 지키는 예천 이병달 농부
가족', p.179

"밑지고 먹고사는 게
농사입니다. 저야 농사지어서
먹고 나눠줄 줄만 알지 팔
줄을 몰라 아들이 고생을 많이
하고 있어요. 우리 집 팥으로
밥이든 죽이든 뭘 해 먹어도
그리 달고 구수할 수가 없어요.
또 팥잎도 많이 무쳐 먹어요.
가을 서리 맞기 전에 팥잎을
뜯어서 말린 후 콩가루에
무쳐 쪄 먹으면 쫀득하니 맛이
좋아요.(…)"

아버지의 말처럼 이병달
농부의 추억 속에는 팥 음식이
가득하다. 아버지가 고아준
팥조청과 팥묵, 예팥차와
예팥꿀절임이 그것. "예팥을
삶아서 꿀에 재워 약처럼
먹거나, 솥에 달달 볶아서 물을
부어 푹 삶아 팥물만 걸러 차로
마신 기억이 납니다."

지금까지 이어져 왔습니다. 게다가 불교는 고려 때
국교이기도 했어요. 국가 차원에서 장려하고 보호하고,
심지어는 왕보다 권력이 클 때도 있었고요. 그러다 보니
불교 안에서 한국의 음식 문화가 고유하게 전해져요.
저는 전 세계의 셰프들이 사찰 음식을 배우러 한국에
오는 이유가 그 정신, 얼에 있다고 생각해요.
한편 권력과 기록 문화를 가지고 있던 사대부 음식이나
궁중 음식의 얼이 제게는 잘 안 느껴져요. 우선 내 음식이
아니라는 생각이 드니까요. 저는 그 얼을 입말 음식에서
느낍니다. 입으로 또는 노래로 구전되면서 시대를 담고
있는 전통인 거죠. 그 정신이 여전히 흐르고 있어요.

기록보다 구전 문화를 더 신뢰하는 이유가 있나요?

글은 정제되는 대신 휘발하는 부분이 있어요. 그리고
계속 정리되잖아요. 옛날에는 종이 하나도 얼마나
비쌌어요? 누구나 글을 쓸 수 있는 것도 아니었죠. 반면
입말로 이어지거나, 손끝으로 이어지는 형태는 훨씬 더
직관적으로 전달되어요. 그게 맛에서도 느껴지고요.
인간만큼 소통할 때 말과 대화에 의존하는 동물이 없다고
해요. 다른 동물과 달리 주로 언어에 의존하죠. 전라도와
충청도의 경계에 있는 금산만 해도 농부와 토박이의
실질적인 말에서 음식을 대하는 태도와 뿌리를 그대로

때맞춰 요리해 먹는 문화가 아름답습니다   221

느낄 수 있더라고요. 농부나 토박이가 먹었던 음식의 말로 전해오는 이름, 음식 자체가 뿌리인 거죠.

우리를 '요리하는 포유류'라는 관점으로 단순하게 바라보면 많은 것이 정리됩니다. 예를 들어 궁중 음식처럼 권력을 지키기 위해 포장된 기록을 빼고, 농부의 삶을 직접 들여다보면 먹고살기 위해 전해지는 음식 문화가 있어요. 그 이야기를 듣다 보면, 그 사람들이 기후와 지형에 맞게 살던 모습을 이해할 수 있죠.

국가 차원에서 한식을 세계적으로 알리려는 움직임을 어떻게 바라보나요?

우리 한식에는 생존하기 위해, 결핍에 의해 만들어진 아름다운 문화가 분명히 있어요. 단순히 '우리 것이 최고'라고 국가적으로 선전하는 건 어쩌면 우리가 더 많은 세계를 경험하지 못했기 때문이라고 봐요. 조선 후기에 흥선대원군이 쇄국주의를 펼치며 전국에 세운 척화비가 지금도 많은 것 같아요. 어떻게 보면 본질을 드러내는 일이 부끄럽거나, 혹은 우리가 부족하다고 생각할 수도 있겠지만 이제는 그러지 않아도 된다고 생각해요. 있는 그대로 드러내면, 가치를 전하기 더 좋을 텐데요.

저는 한식이 과거의 유산이라서 좋은 게 아니라, 지금

봐도 충분히 멋있고 맛있다는 개념을 가지고 입말 음식을 모으고 있어요. 지금은 그 솔직함이 한식을 훨씬 더 현대적이고 가치 있는 음식으로 만들어줘요.

그럼 아부레이수나가 지향하는 가치는 무엇인가요?

아부레이수나(Abuleisuna)[3]도 결국은 한국 음식을 해체하고 있다는 생각을 해요. 다다이즘(dadaism)[4]처럼 한국 문화도 해체가 필요하거든요. 우리 세대라면 그 문화를 좀 떨궈놓고 하나하나 바라보고 다시 구슬을 꿰어갈 수 있지 않을까요? 전 한국의 저고리가 가진 선을 보면서 멋진 블라우스 같다는 느낌을 받아요. 팔목으로 갈수록 좁아지는 선 덕분에 어느 옷과 겹쳐 입어도 멋지거든요. 한복을 정식으로 입는 방법도 있지만, 제 나름대로 다시 해체해보면 투피스처럼 입을 수도 있어요. 니트나 다른 서양 기성복과 겹쳐 입기도 하고요. 그렇게 해체해도 '그건 한복이 아니야', '그렇게 입으면 안 돼'라고 할 필요는

3   '서두르지도 게으르지도 않게'라는 뜻이 담긴 경북 예천의 모내기 민요. 하미현의 입말 음식 팀 이름이기도 하다.

4   제1차 세계대전 중 1915년 스위스 취리히에서 발생되어 1924년까지 유럽과 미국에서 유행한 반이성, 반도덕, 반예술을 표방한 예술사조이자 반문명, 반전통적인 예술운동으로 기존의 모든 가치나 질서를 철저히 부정하였다. 해당 사조를 대표하는 아티스트로 살바도르 달리, 마르셀 뒤샹 등이 있다.

때맞춰 요리해 먹는 문화가 아름답습니다

없다고 봐요. 좀 더 자유로울 수 있고, 저고리를 전통
방식대로 입는 시선도 가질 수 있고요. 저고리를
좋아하다 보면 다시 한복을 좋아하게 되니까요. 그렇게
해체하고 그 안에서 자기 나름대로 구슬을 꿰는 거죠.
그렇게 하면 해체 작업이 다시 전통으로 돌아가는 뗏목
역할을 해요. '음식은 꼭 홍동백서여야 한다', '정찬이
아니면 한식이 아니다' 같은 시선보다 처음에는 가볍게
접근하는 게 좋다고 봐요. 아부레이수나도 결국은 한국의
음식 문화, 여러 식재료의 본질로 돌아가는 뗏목 역할을
할 수 있어요. 이렇게 즐길 수 있고, 저렇게 먹을 수도
있는 거죠. 저 또한 그 여정을 통해 우리에게 분명히
있었을 기원을 더듬더듬 찾아가고 있거든요.

결국 자기 취향이 필요하다

아부레이수나가 구슬을 꿰는 기준이 무엇인지 궁금해지네요.

> 우선 역사가 있는 게 중요해요. 파리의 스튜디오 베르소
> (Studio Berçot)에서 패션을 공부할 때 경험이 큰
> 영향을 끼쳤어요. '마리'라는 할머니가 계셨는데,
> 그분이 저를 빈티지 숍에 데리고 다니며 아동복 복식,
> 고전 복식을 보여줬어요. 결국 서양은 어떤 분야든
> 오랜 과거를 먼저 공부하고, 거기에 현재를 덧입히는
> 식이더라고요. 그래서 서양의 패션쇼를 보면, 2020년의
> 봄여름 시즌이나 1960년대의 봄여름 시즌이나 큰
> 맥락에서는 벗어나지 않아요. 어깨에 변형을 주거나,
> 허리를 강조하는 등 디테일과 소재, 컬러 등은 시대상을

담고 있지만, 디자이너가 사람의 몸을 돋보이게 하는 패턴과 형태는 계속 가져가는 거예요. 시작점에서 어긋나지 않고 원의 형태로 계속 순환하는 구조예요. 이처럼 입말 음식도 과거에 현재를 덧입히는 작업이라 더욱 재미있어요. "옥수수는 기본적으로 배채해야 한다"라는 말이 있는데 '배채하다'는 옥수수의 맛을 표현하는 강원도 사람의 입말이에요. 1940년대에 먹었던 강냉이죽이 옥수수와 물, 소금의 조합이었다면, 2020년에는 물 대신 우유를 넣을 수도 있겠죠. 식재료를 기준으로 보면, 그 옥수수의 풋향이 이어지기 때문에 전통의 범주에서 여전히 이어져온 작물인 거예요.

또 다른 기준은요?

제가 책에도 쓰긴 했지만, 세 가지 기준이 더 있어요. 지금도 해 먹고 있는 음식이어야 하고요. 앞서 말한 것처럼 하나의 식재료에 다양한 품종이 있어야 해요. 옥수수도 자세히 보면, 여러 품종이 있어요. 쥐이빨 옥수수는 팝콘용, 매옥수수는 국수용, 찰옥수수는 쪄먹는 용도 등 이렇게 식재료마다 해 먹는 요리법이 달라요. 그리고 마지막으로 농부와 토박이의 음식이어야 해요.

나중에 다른 일을 하더라도 비슷한 기준을 적용할 수 있겠어요.

처음부터 기준을 생각한 적은 없는데, 하다 보니 공통점이 있더라고요. 요즘은 이런저런 식기를 모아요. (식탁에 놓인 그릇, 주전자를 가리키며) 이건 홍콩 빈티지, 저건 제주도에서 온 어떤 어르신께서 주신 거고요. 이 컵은 유리 공예가의 작품이고…. 모든 것에 각자의 이야기가 있겠지만 모아놓았을 때에도 잘 어울려요. 입말 음식이 지향하는 바도 마찬가지예요. 저 멀리 강원도 화천의 정순이 씨가 어슷하게 썰어 비늘처럼 칼집을 낸 무에 고춧가루, 마늘, 파, 생강 양념을 넣어 담근 비늘 김치와 전라남도 박순애 씨가 고구마와 들깨 소금으로 담근 초련 김치나 모두 같은 상에 차리면 다 어울림이 있거든요.

음식을 매개체로 편집을 하고 있네요.

아부레이수나가 어떤 주제를 정해서 모객을 해보니 확실히 '에디팅'의 행위가 들어간 결과물을 선호하더라고요. 있는 그대로의 음식을 대하지만, 어떤 구슬을 꿰어 이야기를 어떻게 푸는지에 따라 사람들의 관심도가 다릅니다. 이번에는 경상북도 문경에서 '사발 (막밥그릇)'을 주제로 부엌 여는 행사를 준비 중인데요.

옛날에는 흔하고 천했던 막밥그릇이 일본에서는 귀한 '이도다완'[5]으로 대접받는 현상을 보며, 세상이 뒤집힌 이야기로 풀어보려고 해요. 식재료도 전에는 B급 식재료로 취급받다가 지금은 귀해진 것들이 많거든요. 이 콘셉트로 뒤집어진 사발을 포스터에 넣었더니 사람들이 관심을 가지더군요.

에디팅을 잘하려면, 결국 자기 취향이 필요해 보입니다.

예전에는 물건이 귀했어요. 옛날에 아버지가 여행 가면 아이와(AIWA) 워크맨이나 보온밥통을 사주셨던 기억이 나요. 하지만 지금 시대는 발에 치일 정도로 물건이 너무 많아요. 취향이 없으면 계속 물건을 바꾸고 새로운 걸 받아들여야 하는데 자기 취향이 있으면 하나를 가지고도 오랫동안 쓸 수 있고 많은 게 필요 없거든요. 식재료도 마찬가지예요. 세상에 얼마나 많은 옥수수와 감자가 있겠어요. 모두 다 농부들이 신경 써서 기른 작물입니다. 식재료에 대한 이해가 있으면 최소한의 요리만 하면 되어요. 우리가 레시피를 좇아 다닐 게 아니라,

5   일본의 국보 제26호로 지정된 도자기. 조선 후기에 만들어진 것으로 조선에서는 사발 용도로 제작된 자기가 일본으로 건너가 명기가 되었다. 일본 다도 문화에서 중요한 위치를 차지하고 있으며, 차를 사랑하는 일본 문화에서 최고의 차 사발 중 하나로 꼽힌다.

하미현, «입말한식» 중 '아부레이수나
하미현의 입말', p.8

"저는 지금도 요리할 때 이정순 할머니가 주신 오렌지색
저고리와 입생로랑의 분홍색 니트를 같이 입는 걸
좋아합니다. 올리브와 동치미를 곁들인 안주를
좋아하고, 크루아상과 백설기를 커피와 함께 먹는 걸
즐기죠. '손으로 만든 것은 다 통한다'라는 일본 도자기
명인의 말처럼 한국에서 손으로 지은 맛과 멋은 세상의
멋진 것들 곁에 두고, 먹고, 즐기기에 조금도 부족함이
없더군요. 그렇게 음식은 제가 조금씩 더 깊이 한국을
알아가도록 인도하고 있습니다.

저는 늘 한국을 낯선 시각으로 바라보고 싶어요.
그래야 더 궁금해하고, 귀하고, 소중한 시간이 될 수
있을 거라 생각합니다."

식재료가 가장 맛있을 때와 그렇게 키우는 농부만 알면 음식 문화를 최대한 누릴 수 있어요. 그것도 결국 취향이죠.

이 책을 읽는 젊은 독자들이 어떻게 하면 자기 취향을 쌓을 수 있을지 조언을 부탁해도 될까요? 취향을 쌓으려면 시간과 돈이 들어간다는 선입견이 있는데요.

전 돈이 그리 넉넉한 편이 아니었어요. 파리 유학 생활도 힘들게 했죠. 남들이 지원받으면서 공부할 때 저는 늘 아르바이트를 해야 해서 과제도 절반밖에 못했어요. 그렇게 수업을 마치고 2~3시간이 남으면 퐁피두 센터 (Le Centre Pompidou)[6]에 자주 갔어요. 도서관은 공짜잖아요. 세상에는 공기처럼 우리에게 꼭 필요한데 공짜인 게 많아요. 어떤 시간이 축적된 고전, 오래된 물건이나 공간, 자연, 미술품 혹은 국가에서 지정한 문화재 등을 볼 필요가 있어요. 그리고 사람들이 역사 속에서 왜 이것들을 계속 선택해 지금까지 전해 내려오는지 생각해봐야죠. 현장을 다닌 시간만큼 원형에 스스로를 노출시키다 보면,

6   1971년에서 1977년에 걸쳐 세워진 파리의 복합 문화시설. 당시 프랑스 대통령이었던 조르주 퐁피두의 이름을 딴 시설로 공공 도서관, 국립근대미술관, 음향연구소, 영화관, 극장, 서점, 레스토랑 등으로 구성되어 있다.

결국 제게도 배움이 생겨요. 진짜와 가짜를 분별하는
감각이라고 해야 할까요? 말이 아닌 세계에서 메시지를
짐작하여 찾아내는 일이 취향을 만들어냅니다.

대의보다 소의를 추구한다

아부레이수나 팀은 어떻게 구성되어 있나요?

우연히 강의장에서 만났거나 혹은 동생처럼 알고
지낸 사람들이에요. 다들 자기 본업이 있어요. 유돈철
셰프, 모모 이렇게 요리사가 두세 명 있고요. 식(食)
경험을 디자인하는 스몰 바치 스튜디오(Small Batch
Studio)의 강은경 디자이너가 함께 해요. 그 밖에도
저스트 프로젝트(Just Project)의 이영연 디자이너,
기획을 도와주는 한혜수 씨, 지금은 다른 일을 하고 있는
지윤진 씨 등이 있어요.
또 팀원들 서로가 자기 브랜드를 만드는 데 관심이
있어서 따로 또 같이 일하는 거죠. 저는 이걸 품앗이가

아닌 '품합'으로 표현해요. 품앗이가 노동을 나누는 거라면, 품합은 노동을 합하는 거죠. 서커스 단원처럼 아부레이수나 안에서 각자 놀다가 천막 불이 꺼지면, 있던 것이 사라지고 자기 터로 돌아가는 거죠.

농부가 일하는 방식과 비슷해 보이네요.

맞아요. 농부들이 때를 맞춰 살아가는 방식에서 배웠어요. 농사짓듯이 품을 합쳐 1년에 몇 번 같이 일하더라도 서커스단처럼 모였다 흩어지다 보니 관계가 더 오래가요. 결국 다 자기 장기가 있으니까 자기 무대가 필요하거든요. 각자 무대에 있다가 여기서 합치고, 다시 또 각자 무대로 가는 식으로 공존하는 거죠. 물론, 금전적으로 조금 더 안정적인 구조를 만들고 싶기도 해요. 매달 일정한 수준의 금액을 지급할 수 있다면, 그들도 더 안정적으로 자기 무대를 만들 수 있잖아요. 지금도 그 시스템을 꿈꿔요. 대신 그 시스템을 위해서 제가 너무 많이 희생해야 하거나, 제가 호기심을 갖고 식재료를 찾아다니는 시간을 줄여야 한다면 그건 제 몫이 아니라고 생각해요. 적정한 규모와 구조를 만들어가는 중이에요.

아부레이수나에 어떤 손님이 오면 좋을까요?

그냥 한국이 좋아서 한국 것만을 좋아하는 사람보다는
샤넬 백을 들 수 있는 사람이 우리의 입말 음식을
좋아하길 바랍니다. 물론 '명품'이 주는 부정적인
뉘앙스도 있지만, 제대로 좋은 걸 써본 사람이 한국 걸
좋아하는 건 다른 문제라고 생각해요. 입생로랑 수트의
선을 어느 정도 아는 사람 혹은 디터 람스(Dieter
Rams)[7]의 제품과 한국의 사방탁자가 같이 어울린다고
보는, 세계인의 시선을 가진 사람이 우리를 찾아왔으면
좋겠어요. 제가 하는 일 역시 어느 나라 사람에게든
보편적으로 좋게 느껴지길 바라고요. 그런 면에서 저는
한창기 선생이 애용했다는 까르띠에 시계가 굉장히
반갑더라고요. (웃음)

지금 하는 일이 이 사회에서도 효용과 가치를 갖는다고 보나요?

그런 생각은 안 해요. 아까 말씀드린 것처럼 아주
개인적인 성향과
취향으로 일을 시작했을
뿐인데, 지금 시대와
맞아떨어졌다고
생각해요. 대의(大義)를
너무 의식하면 이 일을
오래 하기 힘들어요.

7   독일의 산업 디자이너.
독일 브라운(Braun)의 수석
디자이너로 1950년대와
1960년대에 걸쳐 번성했던 독일
디자인 르네상스의 핵심 인물.
그는 "Less but better"라는 말을
통해 자신의 디자인을 설명하며
절제를 디자인의 중요 요소로
여겼다.

'내가 좋아하고, 나에게 좋았던 걸 너도 먹어봐. 너도 같이 가자'라는 느낌으로 끝까지 가고 싶어요. 그래야 이 여정이 지속 가능해요. 대의보다 소의(小義)를 추구합니다. (웃음) 개인적으로 시작한 일이 자연스럽게 대중으로 가고, 제 컵의 물이 차오르면 바깥으로 가는 정도라고 생각해요. 내가 정말 좋아서, 이기적으로 혼자 하던 일이 자연스럽게 이타적으로 확장하는 방식을 추구합니다.

그 방식이 더 자연스럽고 오래갈 수 있겠어요.

1년이 고작 여섯 달에서 아홉 달로 느껴질 정도로 시간이 빠르게 흐르는 느낌이라, 이 일을 더욱 오래 할 수 있으면 좋겠어요. 그래서 제 나름대로 에너지를 조절할 수 있도록 일정을 관리해요. 예를 들자면, 이 인터뷰 앞뒤로는 다른 일정을 잡지 않고요. 부엌 여는 행사도 한 달에 한 번 정도만 열어요. 오래가려면 체력과 시간을 스스로에게 맞춰야 하더라고요. 어떤 지역의 행사를 준비하려면 적어도 대여섯 번을 오가며 공을 들여야 하니, 무엇보다 스스로에게 즐거움이 없으면 할 수 없어요. 거의 연애랑 비슷하죠.

하미현은 1980년 부산에서 태어났다. 우리 고유의 식재료, 입에서 입으로 전해지는 토박이와 농부의 음식을 연구하며 스스로 '입말 음식가' '아부레이수나'라는 이름을 지어 활동하고 있다.

—

프랑스에서 의상학을 전공한 후 TV 광고 아트 디렉터로 활동하다 우연한 계기로 한국 음식의 매력에 빠져들었다. 이후 각 지역의 기관 및 브랜드와 한국 팔도의 입말 음식을 있는 그대로 기록하고, 오늘날 식탁에 어울리는 레시피를 개발하고 있다.

—

농부와 함께 제철 식재료를 주제로 다양한 프로그램을 진행 중이며, 현재 KBS 1라디오 <오늘아침 1라디오>, MBC 라디오 <여성시대>에 고정 출연하고 있다.

—

instagram @*abuleisuna*

하미현
Mihyun Ha

저는 한창기 선생이 창간한 «뿌리깊은 나무»의
영향을 많이 받았어요. 당시 민중의 역사에 대한 글이
실려 있었는데, 그 글 이전에 어떤 '얼'이 느껴져요.
워낙 고수들이 글을 쓰기도 했고요. 그리고 «BBC
사이언스»도 같이 봐요. «뿌리깊은 나무»나 우리
민중의 입말로 전해지던 그 투박함이 이 과학 잡지에서
증명되기도 하거든요. 이를테면 농부들이 고추를
많이 먹으면 "얼얼이하다"라고 표현해요. 그걸 «BBC
사이언스»에서는 '고추가 혀의 통각을 자극해 고통을
느끼게 하고, 어느 순간 맛을 못 느끼게 만든다'라고
언급하는 식이죠. 제가 한국인이라서 한국 사람을
좋아하고, 한국 음식을 좋아하는 게 아니에요.
경계인의 시선으로, 지구인의 시선으로 늘 한국을
바라보려는 마음이 있어요.

Jeong Kwan 정관

Baekyangsa Temple

06

정관은 조계종 수행승려로서 한국 사찰음식의 대가로 활동해
되면서 그의 요리 철학은 세계적인 영향력을 가지게 되었다. 식
정관의 요리 철학은 국내외의 많은 셰프와 대중에게 음식에

릭스 다큐멘터리 ‹셰프의 테이블›을 통해 정관의 이야기가 소개

생명으로 이해하고 한 그릇 안에 에너지를 온전히 담아낸다는

운 영감을 주고 있다.

가장 큰 스승은 자연입니다

경기도 수원시 두수고방,
2019년 10월 18일 금요일 오전 8시

사찰음식을 세계에 알리다

넷플릭스 〈셰프의 테이블〉 시즌 3[1]에 출연하면서 사찰음식의 대가로 전 세계에 널리 알려졌습니다. 어떻게 이 방송에 출연하게 되었나요?

인연은 2014년으로 거슬러 올라갑니다. 미국 뉴욕의 유명한 요리사 에릭 리퍼트(Eric Ripert)가 한국관광공사의 초청으로 세계 각국 요리를 소개하는 TV 프로그램인 〈아벡 에릭(Avec Eric)〉 촬영 차 한국에 왔어요. 에릭은 원래 오랫동안 불교 신자였고, 달라이 라마의

1   팀 라우에(Tim Raue) 등 세계적인 셰프 여섯 명이 출연해 자신의 요리와 요리 철학을 보여준다. 정관 스님의 에피소드는 2016년 5월에 촬영해 2017년 2월에 공개됐다.

제자이기도 합니다. 평소 사찰음식에도 큰 관심이 있었던
터라 템플스테이를 꼭 하고 싶어 했고, 한국관광공사와
한국불교문화사업단의 협조로 우리 절(백양사 천진암)로
오게 되었어요.

에릭과 음식으로 소통하며 즐거운 시간을 보냈습니다.
아마 제가 행복하고 즐거운 만큼 그도 같은 마음이었을
거예요. 얼마 뒤 뉴욕으로 돌아간 에릭에게 연락이
왔어요. 넷플릭스 〈셰프의 테이블〉 시리즈의 오프닝
리셉션에 저를 초대하고 싶다며, 미디어와 평론가,
기자를 초청한 자리에서 사찰음식으로 발우공양[2]을 해
달라고 부탁하더군요.

그때 에릭과의 인연이 계속
이어졌군요.

인연은 참 신기합니다.
이날 초대된 《뉴욕타임스》
기자[3]가 일이 바빠서 못
온다고 했는데 에릭이
굳이 그에게 전화해서
"이 귀한 자리에 안 오면
정말로 후회할 거야"라고
이야기했고, 그 기자가

2   사찰에서 승려가 하는
식사 의식.

3   당시 행사에 초청받은
뉴욕타임스 음식 전문 기자는 제프
고디니에(Jeff Gordinier)다. 그는
자신이 경험한 사찰음식을 2015
년 10월 16일 'Jeong Kwan, the
Philosopher Chef'라는 제목의
기사로 썼다. "세계에서 가장 진귀한
요리를 먹으려면 뉴욕이나 덴마크가
아니라 천진암으로 가라"는 극찬이
포함된 이 기사는 세계적인 셰프와
외식업 종사자들이 한국 사찰음식에
주목하는 계기가 되었다.

LA 일정을 취소하고 참석했어요. 그분이 사찰음식을
경험하고 큰 감명을 받았죠. 에릭 말대로 안 왔으면 큰일
날 뻔했다고 하면서요. 한국 사찰음식의 재료, 놓임상[4],
색상, 맛에 반했고 그 안에 담긴 이야기에 감동을
받았답니다. 그 이야기는 《뉴욕타임스》 기사로 실렸고
다큐멘터리 감독 데이비드 겔브가 그 기사를 읽고
에피소드 제작을 결심했다고 해요.

에릭을 통해 넷플릭스 촬영에 관한 내용을 들어보니
셰프의 삶을 다룬다고 하더군요. 나는 셰프가 아니니,
그 에피소드에 나갈 수 없다고 거절했습니다. 세 번을
거절했는데도 무조건 촬영하고 싶다고 이야기하기에
마음을 열었습니다. 한국의 계절과 산세가 좋을 때,
또 불교의 의미를 담는 만큼 초파일이 끼었을 때
맞추겠다고 해서 2016년 5월에 촬영을 시작했어요.
스무 명 남짓한 사람들이 와서 27일을 함께했습니다.
즐거운 시간이었어요. 감독부터 모든 스태프에게 철수나
달재 같은 우리 이름을 지어 주었습니다. 덕분에 추억도
생겼죠. 넷플릭스 음향 작가는 우리 모두가 천진암의
제자라고 하며 마지막에 삭발도 하고 갔어요.

그 후로 해외 각국에서 더욱 활발하게 한국 사찰음식을 많이
알리고 있습니다. 이 역할의 어떤
점이 가장 흥미로운지요?

4   음식이 놓인 모습(狀)
혹은 플레이팅(plating).

한국을 모르는 사람이 한국을 알게 되고 우리의 자연환경과 문화에 관심을 갖게 되는 점이 뿌듯해요. 그중에서도 정신과 얼을 귀하게 여기는 우리 문화의 특징을 알릴 수 있어서 좋습니다. 음식이 건강에 이렇게 좋을 수 있다는 것도요. 구구절절 설명하지 않아도 좋은 음식은 금방 공감대가 생깁니다. 사람의 마음이 긍정적으로 변화하고, 화려한 치장이 허례허식이었음을 알게 하는 데 음식이 제 역할을 합니다. 제가 만난 스위스 사람이 발우공양을 한 뒤 다가와 이런 말을 하더군요. "내 속세의 껍질을 벗어버리고 온전히 나로서의 삶을 살게 해준 인연"이라고요. 음식을 통해 행복하다는 말을 들을 때, 그들이 한국을 여행하며 더 많은 것을 찾아나가고 싶다고 할 때 행복합니다.

국내외에서 많은 사람들이 사찰음식에 관심을 가지고 천진암을 방문합니다. 찾아오는 사람들이 다양할 것 같은데, 요리사 말고 또 어떤 사람들이 있나요?

지금은 음식을 통해 명상하는 분들도 많이 옵니다. 명상에도 음식이 빠지지 않아요. 육신이 가벼워야 명상을 하며 한가지 생각을 오랫동안 길게 가지고 갈 수 있어요. 그만큼 음식이 중요하니, 명상에 맞는 음식을 어떻게 만들어야 하는지 궁금한 사람들이 찾아오고 있어요.

요가하는 사람들도 음식에 따라서 몸의 자유로움이 다르다며 이곳을 찾아옵니다. 음식이 몸에 맞아야 몸의 자세도, 마음도 바르게 됩니다. 음식을 통해 자아를 발견하고 내가 누구인지 메시지를 찾고 싶은 사람들이 함께하고 있어요.

국적과 나이를 막론하고 천진암을 찾아오는 사람들에게 무엇을 전하나요?

저를 찾아오는 사람들은 음식과 삶에 대한 긍정적인 마음이 있는 분들입니다. 열정이 있으니 이곳까지 먼 걸음을 왔겠죠. 사실 만나기 이전에 이미 서로의 에너지가 통했다고 봅니다. 같은 생각과 같은 마음이기 때문에 애초에 만남이 이루어집니다. 만나는 순간 이전부터, 이미 큰절에서 우리 암사로 올라오는 길목의 소리와 산과 땅의 울림, 자연의 기운을 통해 알 수 있습니다. 외국인도 똑같아요. 언어는 문제가 된 적이 없어요. 눈짓 손짓 하나로 교감이 되니까요. 사찰음식을 배우러 오는 사람은 견주려 하지 않습니다. 자신의 지위와 실력을 확인하러 오는 경우는 없어요. 공감하고, 나누려고 오는 것이죠. 얼마 전 호주에서도 나이 지긋한 셰프가 왔는데 그냥 감격해서 울었어요. 서로 뜻이 통한 것이겠죠. 그렇게 뜻이 맞는 사람이

가장 큰 스승은 자연입니다

모이면 행복이 배로 늘어납니다. 저 또한 그와 함께하면서 그의 세계를 경험할 수 있고요. 말은 통하지 않아도 심중으로는 백 배, 이백 배 함께해요. 함께할 때는 통역도 없습니다. 음식이 사람을 떠나서 존재하지 않고, 사람도 음식을 떠나서 있을 수 없다는 간단한 진리 위에서 모든 것은 통하게 되어 있습니다.

다양한 방문객 중에 가장 기억에 남는 사람이 있을까요?

예전의 기억은 다 내려놓기 때문에 잊어버려요. 누군가 천진암에서의 이야기를 한다면 그 이야기가 맞을 것입니다. 기억을 가지고 있자니 어깨가 무겁습니다. 함께했던 사람들이 그렇다고 하면 그런 것입니다. 모두가 다 옳습니다. 각각 모든 순간이 행복합니다. 하지만 누군가를 특별하게 마음에 담아두지는 않죠.

넷플릭스, 〈셰프의 테이블〉 '정관 스님'
에피소드 중

저는 음식을 만드는 것과,
도를 닦는 것이
하나라고 생각합니다.
(…)

수행자죠.
셰프가 아닙니다.

가장 큰 스승은 자연입니다

음식을 통한 수행의 여정

스님의 유년시절은 어땠나요? 언제부터 음식을 직접 했나요?

저는 경상북도 영주의 시골 아이였어요. 집에는 조그마한 텃밭이 있었고 가족은 농사를 지었습니다. 그냥 밭에서 자란 사람이라고 봐야죠. 이른 새벽 눈을 뜨면 아침밥을 먹었고, 몸집이 작았던 덕에 외삼촌이나 아버지 지게에 올라타고 밭으로 함께 나갔어요. 집에서 아이를 봐줄 사람이 없으니 데려간 것이겠죠. 그렇게 밭둑에 자리를 대강 깔아두고 내버려두면 혼자 놀았어요. 자연과 함께하는 데 어색함이 없었어요. 모든 것이 좋았습니다. 땅도 곤충도 식물도 알 수 있었으니까요. 흙도 먹었고. 꼬물꼬물거리는 미물을 보며 놀던 시간이 결국 땅,

자연과 함께하는 평생의 마음가짐으로 자리 잡았어요.
지금 음식을 하는 태도죠.
조금 커서 여섯 살, 일곱 살 즈음 밥을 지을 줄 알게
되었어요. '내가 밥이라도 지어두면 밖에서 농사 짓는
가족이 짐을 덜 수 있겠구나' 하고 생각했어요. 가마솥에
쌀을 넣고 성냥불을 지펴 밥을 지었습니다.
두려움은 없었어요. 늘 보던 것이었고, 할 수 있다고
생각했으니까요.

출가를 하고 난 이후의 자취도 궁금합니다.

열일곱에 출가했습니다. 절에 처음 들어가면 무조건
농사짓고 반찬 만드는 일부터 시작합니다. 밭에서 이
귀한 식재료를 어떻게 키우는지 보고, 반년이 지나면
나물을 무치죠. 나중에는 상을 차리고요. 국 끓이는
사람은 또 따로 있고, 밥을 하는 것도 배웁니다. 수행
과정에서 반찬은 지혜, 밥은 덕을 쌓는 것과 같습니다.
나와 인연이 있는 모든 사람에게 덕을 쌓아야 올바른
수행을 할 수 있습니다.
절에서는 수행자가 하고자 하는 만큼 일을 합니다.
누군가 가르쳐주는 일만 해서는 얻을 수 있는 것이
없어요. 그간 집에서 해보았던 음식을 비롯해 마음과
정성을 담아 더 나은 것을 만들기 위해 노력합니다.

그러다 보면 함께하는 수행자에게 칭찬과 감사의 말을 듣기도 하고, 더 잘해야겠다는 마음도 듭니다. 좋은 음식을 통해 타인의 수행을 도우면 그 덕이 결국 제게도 돌아오니까요.

출가 뒤 불교를 공부하며 대학을 다니고, 수행하며 서른셋에 주지(住持)[5]로 살기 시작했어요. 이때부터 본격적으로 신도와 함께 음식을 나누었습니다. 그간 많은 절에서 공양하던 비빔밥 형태가 아니라 어엿한 한 상을 차려 발우공양을 함께했어요. 그즈음 제가 지내는 절에서 템플스테이 형태를 갖추면서, 외국인 불자도 많이 만날 수 있었습니다. 2010년 무렵에는 한국불교문화사업단에서 템플스테이를 적극적으로 홍보하면서 사찰음식도 부각되었고요.

스님에게 요리, 즉 음식을 통한 수행의 의미가 궁금합니다.

먼저, 자기 수행은 철저히 개인의 몫입니다. 그런데 요리는 대중과 함께하는 과정이라 같이 수행한다는 점이 특별합니다. 결국의 깨달음은 스스로의 일이지만 길을 함께 걷는 것이죠. 물론 수행을 왜 모여서 하느냐고 본질적인 질문을 던질 수 있습니다.

5   사찰을 대표하여 모든 관리와 행정적인 책임을 맡은 직책. 사찰에 거주하면서 재산과 승려를 보호하고 유지한다.

중을 뜻하는 한자가 무리 중(衆)입니다. 자기 혼자서는 도를 깨우치지 못한다는 의미이기도 해요. 여러 사람의 에너지 속에서 자신을 바라보는 것이 참선의 목적이기 때문입니다. 철저한 자기 수행을 위해서는 무리 속의 자신이 밑바탕이 되어야 합니다. 타인과 함께 음식을 준비하며 수행하는 모든 과정에서 자신의 마음속에 찌꺼기를 남기지 않아야 합니다. 음식을 준비하고 만드는 마음이나 가만히 앉아서 참선하는 마음이 다 같이 평화로워야 하고, 안정된 가운데서도 앞으로 나아가는 진취성이 있어야 하죠. 음식을 하는 마음도 참선하는 마음과 같다는 뜻이며, 그 정적인 활동과 동적인 활동을 한 덩어리로 만드는 것이 수행의 목표입니다. 이를 '행주좌와 어묵동정(行住坐臥 語默動靜)'이라고 말합니다. 걷거나 머물거나 앉아 있거나 누워 있을 때, 말하거나 침묵하거나 움직이거나 가만히 있을 때, 즉 일상생활의 모든 순간 중 선(禪)이 아닌 것이 없습니다. 생활 속에서 최선을 다하는 일이 수행이고 선입니다.

스님의 수행법은 무엇인가요?

수행은 자신의 생각을 관리하는 방법이며 모든 것은 집중을 통해 가능합니다. 마음에 아무 생각이 없는 것이 아닙니다. 참선을 할 때나 음식을 만들 때, 모든 마음을 집중해 그 안에 담아내는 것입니다. 그 대상은 함께 있는 사람, 자연, 음식 등 여러 가지가 될 수 있고, 그 가운데 나의 참된 모습이 있습니다. 음식에 관해서라면, 내가 행복하고 편안해야만 그 마음이 음식에 그대로 담길 수 있습니다.

그럼 실제로 하루를 어떻게 보내나요? 매일 반복되는 일과가 있는지요.

보통 절집에서 하는 수행은 쳇바퀴 돌 듯 똑같습니다. 중의 생활은 새벽 4시에 시작해서 밤 10시에 끝나요. 일어나서 참선이나 강경(講經)[6]을 하고, 공양하고 공부한 뒤에 잡니다. 매일이 꼭 짜인 일상의 반복이죠. 수행은 반복을 통해 가능합니다. 저는 수행승으로서 일정이 조금 다릅니다. 육체노동에 많은 노력을 들입니다. 새벽 5시에 일어나 한 시간 동안 예불(禮佛)[7]하고 운동을 하면서 몸을 풀고 6시부터 아침 공양을 준비해요. 7시에 공양을 올리고 한 시간 동안 청소를 하고 9시부터는 식재료를 관리해요. 시장에 다녀오거나 음식 관련 행사가 있으면 준비하기도 합니다.

12시까지는 점심 공양을 준비해서 음식 준비를 마치고, 1시까지는 절을

6	경전을 입으로 읽는 행위.
7	경건한 마음으로 부처에게 절하는 것.

찾은 신도들과 점심 공양을 하고 뒷정리를 합니다. 낮 2시부터 4시까지는 오전에 식재료를 관리하며 모자란 부분을 챙겨요. 장아찌처럼 담가두고 오래 쓸 것들은 손질해 준비하고, 간장, 된장 같은 장독은 매일 관리해야 해요. 이렇게 깨어 있는 모든 순간 모두가 함께 힘을 모아 일을 합니다. 그리고 저녁 6시에는 저녁 공양을 한 뒤 공부하는 시간이 있습니다. 사람들과 대담을 하거나 다과를 나누기도 하고요. 밤 9시 반 이후에는 각자의 공간에서 하루를 마무리하고 잠자리에 듭니다. 다른 스님에 비하면 예불 기도 시간이 적은 편이에요. 우리와 같은 수행승려는 정신뿐 아니라 정신과 육체를 하나로 움직이는 수행을 하기 때문에 아침에만 예불 기도를 하고 참선을 한 뒤 이 에너지로 하루를 살아갑니다.

새벽 5시부터 밤 10시까지 하루를 빼곡하게 보내다 보니 일반인과는 다른 감각으로 시간이 흐를 것 같습니다. 그 일과 중 가장 즐거움을 주는 순간은요?

저는 매 순간 즐겁습니다. 힘들다 하면 누가 이렇게 하겠어요. 중 노릇 50년입니다. 가만히 앉아서 수행을 할 수도 있죠. 그렇지만 저는 여전히 매일 새벽 5시에 앉아서 하루 종일 정신과 육체의 에너지를 쓰고 있어요. 그게 조금이라도 고통스럽다면 안 하죠. 안 하고 말고요.

(웃음) 자연과 함께 삶을 느낀다는 그 자체가 편안하고 행복하고 즐거워요. 사람들과도 마찬가지입니다. 살아 있음은 호흡, 숨이 있는 것입니다. 그것 자체로 행복하고 즐겁습니다.

스님의 인생에서 가장 큰 스승이 있다면요.

출가자니, 붓다가 가장 큰 스승입니다. 그다음으로는 자연입니다.

본질을 보아야 요리할 수 있다

자연과 가까이 지내면서 식재료와 음식을 대하는 나름의 원칙도
있을 것 같은데요.

본질을 보는 것입니다. 식재료가 가지고 있는
자연스러움, 본질 전체를 알아야만 음식을 제대로 만들
수 있습니다. 누군가가 나를 알아주지 않으면서 나를
표현해줄 수 있을까요? 온전히 상대를 이해해야, 상대를
헤아리고 그 마음을 표현해줄 수 있습니다. 요리를 하는
사람이 식재료를 완전히 알아야 하는 이유겠죠.
단 하나의 작물이라도 직접 재배해보는 것이 그 시작이
될 수 있습니다. 마른땅에 씨앗을 뿌려서 싹이 트고
떡잎이 생기고, 햇볕을 받으며 성장 과정을 거쳐 꽃이

피고 또 열매를 맺고, 흙에 떨어져 살이 썩으며 다시 씨앗이 땅속으로 파고드는 것. 이렇게 생명이란 나고 죽고를 반복합니다. 식재료도 사람과 마찬가지로 생명입니다.

식재료의 본질을 요리에 어떻게 적용하는지 궁금합니다.

식재료의 본질을 알면 맛과 영양을 최고로 끌어낼 수 있습니다. 자연을 이해하는 것, 그 수행의 '마음 씀'을 다듬어가며 결국 나의 본질을 나타내고 행복을 남에게 전하는 과정입니다. 음식은 식재료와 나의 인연이자, 그 인연의 결실이죠. 결실에는 나의 에너지와 식재료의 정수가 함께 담겨 있어야 하고, 이것을 먹으면 자연스레 약이 됩니다. 사찰음식이 추구하는 가치이기도 합니다. 정신적, 육체적인 에너지를 연결해나가는 과정에 음식이 있기 때문입니다. 좋은 음식이란 나를 지키고 생각을 하게 해주는 음식이며 오랫동안 행복한 마음을 지니게 해주는 것입니다.

누구나 쉽게 적용할 만한 예가 있을까요?

식재료의 본질을 이해하고자 하면 조리 방법이 자연스레 따라옵니다. 가지를 예로 들어볼게요. 씨앗을 뿌려

꽃이 필 때까지는 땅의 물기와 햇볕이 있어야 하고, 이 에너지로 이른 봄 뿌리를 내리며 자랄 자리를 잡습니다. 이십사절기를 기준으로 춘분 무렵에는 땅에서 따뜻한 기운이 움트는데, 이 기운이 태중의 열을 만들어주는 셈이라 씨앗이 비로소 자라게 됩니다. 새싹이 나오고 에너지의 중심이 잡히며 땅 아래로 탯줄을 잡아나가는 과정이 시작되는 것입니다. 이후 새싹이 꽃을 맺기까지는 한 달 보름이 걸리며, 6월 말이 되어야 열매가 나옵니다. 열매는 일주일 단위로 모양이 변합니다. 터전이 좋으면 일주일 단위지만 그렇지 않다면 단위가 9일까지 길어질 수도 있어요. 가지 열매가 각각 어디서 자라는지 살펴야 이해할 수 있습니다. 일괄적인 것은 없어요.

가지의 성장 과정에 따라 가지를 '제대로' 요리하는 방법이 모두 다릅니다. 이제 겨우 열매를 맺은 손가락 만한 가지를 먹게 될 때는 살짝 소금 간만 해 숨을 죽이면 먹을 수 있습니다. 일주일이 지난 가지는 통통하게 살집이 늘어나는데, 소금으로 가볍게 밑간을 한 뒤 집 간장을 조금 넣으면 나물이 됩니다. 또 일주일이 지나 20센티미터 정도로 큼직하게 자라면 가지를 일단 증기에 찌고 젓가락으로 가볍게 찢어서 소금과 간장, 깨소금을 넣고 무쳐냅니다. 그로부터 일주일이 더 지난 가지는 열매를 맺은 뒤 21일 이상 지난 상태예요. 씨앗이 생기고 과육 속에 그 모습이 보입니다. 농익어서 속살은

부드러워진 상태이고 씨앗을 보호하기 위해 껍질은 두꺼워지며 색도 까맣게 익기 시작합니다. 그러면 푹 쪄서 소금과 깨소금, 집 간장을 넣고 참기름도 함께 둘러 가지의 강한 기운과 독을 완화시킵니다.

이렇듯 생명의 흐름에 따라 요리하는 방법이 모두 다릅니다. 가지의 세월을 이해해야 좋은 요리를 할 수 있습니다. 모든 생명체는 자신의 시간과 호흡이 있습니다. 마지막은 종자를 남기고 스러지죠. 이 과정을 존중해야 합니다. 잘 여문 가지는 다 먹지 말고 말려두어야 또다시 자연과 인간 사이에 순환 관계가 생깁니다. 존재에 대한 예의를 다하지 않고, 사려 없이 음식을 다 먹어버리는 건 그 자체로 폭력입니다. 일부 요리법은 생명의 흐름과 본질을 짚어내지 못하고 기계적으로 사람의 생각을 적용하려고 합니다. 이는 사찰음식이 담고 있는 마음과 어긋납니다.

특히 귀하게 여기는 음식이나 식재료가 있나요?

특별히 아끼는 식재료는 없습니다. 계절에 따라 푸성귀도 늘 달라지니까요. 주어진 재료를 활용하며, 수행하는 과정에서 더 귀하고 덜 귀한 것은 없습니다. 다만 장에 조금 더 관심을 가지고 있어요. 된장, 간장은 항상 먹어야 하니 비가 오나 눈이 오나 단지를 잘 닫아두었을까, 혹시

박찬일, «스님, 절밥은 왜 그리도 맛이 좋습니까» 중 '배추: 도 닦는 일이나 배추 기르는 일이나', p.294

"사람이나 배추나 같아. 이 배추는 90일짜리예요. 보통 60일짜리, 45일짜리가 많아요. 빨리 길러서 내면 좋지. 비용이 싸게 먹히고 망칠 위험도 적고. 그런데 90일이나 길고 길게 기르는 마음이 있어. 그 마음을 생각해봅시다. 도 닦는 일이나 배추 기르는 일이나."

김치에 쓸 배추를 고른다. 너무 큰 건 싱겁고 너무 작은 건 떫고. 배추야 다 거기서 거기 같아 보인다. 맞춤한 크기가 잘 안 보인다. 스님은 그러거나 말거나 쑥쑥 배추를 뽑아낸다. 까맣고 윤기 있는 흙이 뿌리에 딸려나온다. 좋은 토양이 좋은 작물을 낸다. 좋은 말씀과 기도에서 사람이 만들어지는 것처럼.

벌레가 들지는 않았을까, 늘 신경 쓰고 관리합니다. 장은 세월에 따라서 또 사람의 에너지에 따라서 맛이 계속 변합니다. 나와 오래 함께할 것은 나의 생명과 같기 때문에 굉장히 정성스레 관리합니다. 같은 의미로 장아찌나 저장 음식도 마찬가지입니다. 보관할 때 상하지는 않을까 늘 조심하고, 맛이 잘 들었을 때 나눠서 먹어야겠다는 생각도 합니다.

음식을 업으로 삼는 직업인 중에는 식재료의 신선도만 신경 쓰는 경우도 가끔 보입니다.

온 마음을 비우고 식재료를 내 몸 같이 대해야 합니다. 손톱 밑에 작은 가시만 들어가도 괴로워하는 것이 사람인데, 식재료를 마구 따고 앞뒤로 다 자르면 될까요. 식재료의 모든 부분을 알뜰살뜰 다 쓰는 것이 도리입니다. 상한 부분이야 어쩔 수 없다고 하지만 재료의 끄트머리나 뿌리도 모아서 얼마든지 활용할 수 있거든요. 이해하지 못해서 쓰지 못하는 것이지, 그 부위의 특성과 맛을 알면 육수로 쓰든 말려서 먹든 다양하게 활용할 방법이 보입니다. 2014년 무렵 한식 조리를 공부하는 학생들을 만날 일이 있었습니다. 학생들이 식재료를 무자비하게 다 잘라서 가운데 부분만 쓰고 남은 것을 쓰레기통에 던져 넣는 모습을 며칠간 지켜봤어요. 4~5일이 지나고 쓰레기통이 여전히 식재료로 가득 차 있을 때였는데, 그날 아침엔 제가 조리대 위에 쓰레기통을 모두 뒤집어엎었습니다. 그리고 먹을 것을 고르라고 했습니다. 이날은 그 가운데서 쓸 수 있는 것들로만 요리를 하자고 했고요. 처음엔 "스님, 이 중엔 먹을 것이 없어요"라고 하던 친구들이 저와 함께 요리를 하며 그중에 삼분의 이가 먹을 수 있는 재료임을 배웠습니다. 그 뒤로는 수업 때 쓰레기 양이 절반 이하로 줄었습니다.

저는 어릴 때 소농에서 태어나 어렵게 살았기에 음식이 늘 소중하다고 배웠습니다. 절에 와서도 씨를 뿌리고 밭을 가꾸며 이 열매 하나가 얼마나 어렵게 재배되는지 몸과 마음으로 느꼈고, 식재료를 다듬고 저장하고 매일 음식을 준비하며 우리가 먹는 것이 어디에서 오고 무엇에 감사해야 하는지 생각했습니다. 농사를 직접 짓다보면 식재료가 얼마나 귀하고 키우기 어려운지 알 수 있습니다. 여건이 된다면 최대한 그런 경험을 쌓는 것이 좋겠죠. 먹거리를 함부로 대하지 말라, 귀하게 여기라는 당부를 하고 싶습니다.

아버님 연세가 그때 칠십이 다 되었습니다. (자식들) 다 결혼하고
자기 삶이 있는데, 출가하고 결혼도 안 하고 혼자 산다는 딸을
두고 갈라니 마음이 아팠겠죠. 그래서 제가 있는 절에 와서 직접
생활을 하십니다. 처음에는 투정도 부렸어요. (…)
"음식은 다 맛있다. 다 정갈하고 맛있는데, 다만 내가 기운이
없다. 있어보니 기운이 빠진다. 고기를 안 먹으니까, 생선을 안
먹으니까"라고 하시면서 이렇게 물으셨어요.
"절에서 스님들이 먹는 음식 중에 뭐가 제일 맛있냐?"
그래서 제가 표고버섯 찜을 했어요. (버섯을) 사사삭 썰어서
참기름에 넣고 달달달 볶아 간장 탁 넣고, 개울가 산속으로 가서
아버지 잡수시라고 몰래 드렸어요. "야, 이게 고기 맛보다 더 좋다.
이거 먹으면 고기 안 먹고도 살겠구나." 스님들 사는 모습을 보며
가만 생각해보니 여기에도 평온함이 있겠구나 싶었겠죠.
한 달 만에 마지막으로 속세의 제 이름을 부르셨습니다. "춘정아,
내가 이제는 마음 놓고 간다. 마음 놓고 가되, 네가 잘 살아라."
칠십이신 아버님이 제게 삼배(三拜)를 하고, 그 길로 저를
떠나가셨습니다. 그리고 일주일 만에 자는 듯 편안한 모습으로
돌아가셨어요. 그게 마지막입니다.

사찰음식은 배우는 게 아니다

사찰음식의 가장 중요한 정신이 무엇인가요?

부처님도 처음에는 세속의 존재였어요. 고타마 싯다르타는 거의 먹지도, 자지도 않고 고행하며 첫 6년을 보냈습니다. 생명만 겨우 유지하며 자유를 얻기 위해 고행했지만 깨달음을 완전히 얻지는 못했어요. 어느 날 자리를 박차고 일어나 강가로 가서 세수를 합니다. 이 모습을 본 강 건너 여인 수타자가 쌀과 우유를 넣고 만든 유미죽을 가지고 와 싯다르타에게 먹으라고 했죠. 싯다르타는 이 유미죽을 마시고 나서 중도(中道)의 깨달음을 얻었습니다. 누가 더 적게 먹는가, 누가 더 오랫동안 잠들지 않는가를 경쟁하던 형식적인 고행이 아닌 진정한 수행의 의미를 깨닫게 된 것입니다. 당시 수행자에게는 배신이고 파격이었지만, 싯다르타는 이 에너지로 다시 수행에 들어가 결국 49일 만에 보리수 아래에서 대자유를 얻었어요.

초기 불교에는 수행자들이 함께 모여 수행하는 주거지가 없었습니다. 발우[8]를 들고 음식을 빌어온 뒤 다 같이 나누어 먹었습니다. 이렇게 한 끼를 먹고 수행에 집중했어요. 정신과 육체를 연결하는 에너지원으로써 약간의 음식이 있어야 한다는 것이 지금 불교에서 음식을 대하는 기본적인 생각입니다. 수행에도 육체의 에너지가 필요하니까요. 그만큼 음식을 중요하게 생각합니다. 깨달음의 기저에는 음식이 있습니다.

그럼 어떻게 해야 사찰음식을 배울 수 있을까요?

사찰음식은 배우는 음식이 아닙니다. 자기 본질을 알고 새로운 나를 발견해나가야 좋은 음식을 만들 수 있습니다. 우리가 출가할 때도 사찰 '음식'을 배우진 않아요. 수행을 하며 어깨너머로 요리하는 모습을 보고 자신의 방법을 가다듬어 나가는 것이죠.

많은 사람이 조리법과 음식의 형태에 치중하거나, 사찰음식을 배우러 와서 정량화된

---

8   절에서 쓰는 승려의 공양 그릇.

레시피를 요구하기도 합니다. 여긴 레시피가 없어요. 같은 조리법으로 계량해서 요리하더라도 맛이 다 다르죠. 말했듯이 음식을 하는 이유는 수행에 도움이 되기 위함입니다. 몸을 편안하게 해서 정신적으로 에너지를 높게 쓸 수 있어야 하니까요. 아무 근심 걱정 없이 수행을 할 수 있는 음식을 만드는 것이 목표입니다.

밥 짓는 법이야 간단하지 않을까 짐작할 수도 있지만, 모든 수행자마다 원하는 밥의 형태가 다릅니다. 누군가는 수행하기에 고두밥이 좋을 수도 있고, 진밥을 편안하게 느낄 수도 있습니다. 밥 짓는 법을 전수받는다고 해도, 많은 밥을 할 때는 물을 미리 끓인 뒤 쌀을 넣으면 밥이 더 빨리 된다는 사실 정도입니다. 결국 온전히 자신의 것으로 만드는 방법은 시행착오와 스스로 터득하는 배움에 있습니다. 50명 스님의 입맛을 맞추기 위해서는 밥도 나만의 방식으로 법도를 찾아가야죠. 어느 날 가마솥 옆에 올라가서 내려다보니 생각이 찾아왔습니다. 쌀을 봉긋하게 넣고 물을 부으면 쌀이 물 위로 올라온 중간 부분은 된밥, 가장자리 부분은 진밥, 그리고 중간은 적당한 밥이 됩니다. 이런 건 누가 가르치거나 전수해주지 않습니다. 레시피도 없고요. 뜻과 뜻으로, 마음과 마음으로 익혀야 합니다.

사찰음식을 제대로 배워보려는 사람에게 추천하는 방법이

있는지도 궁금합니다.

저와 함께 살자고 합니다. (웃음) 제가 하는 것을 그저
보라고요. 자기 생각은 다 내려놓고 빈 마음으로 제가
하는 일을 옆에서 보며 공감대를 형성해나가면서
함께해야 배움이 있습니다. 그냥 알려줄 수 있는 방법은
없어요. 모든 걸 함축한 이야기와 특성을 이해해야
요리도 자연스레 이어집니다. 자기의 에너지와 식재료의
본질이 만나서 매번 요리 방법이 달라지기도 하니까요.
이번에 쓴 양념을 다음에는 안 쓸 수도 있다는 게
사찰음식의 특징입니다. 음식을 나누며 그 마음을 소통할
수 있기 때문에 만들어진 음식을 먹든 먹지 않든, 만드는
방법을 배우든 그렇지 않든 이미 뜻은 전달됩니다.
어쩌면 음식은 중요하지 않습니다. 아마 그걸 느끼고
가지 않나 싶어요. 수행자의 원초적인 마음가짐으로
돌아와 순수한 자기 모습을 상대에게 어떻게 전달하고
나누는지가 훨씬 중요합니다. 음식의 조리법이나 겉으로
나타난 결과물인 음식의 모양은 아무것도 아닙니다.

우문입니다만, '요리를 잘한다'는 의미는 무엇일까요.

원래 요리는 이치에 맞게 하는 일입니다. 보태고 색을
내는 것이 아니라 이치와 법도에 맞게끔, 도리에 맞게끔

해야죠. 음식과 식재료가 있기 전에 누구나 자신의 뿌리가 있어야 합니다. 눈과 눈, 마음과 마음, 호흡과 호흡이 만나는 공간에서 서로가 소통하며 자신을 돌아봅니다. 온몸이 감정을 느끼며 사는 생명체임을 이해할 때, '나'라는 근본 뿌리에서 세상을 보는 실마리가 생김을 알 때 자기표현을 할 수 있습니다. 요리는 자기표현입니다. 제게는 자신의 감정과 존재에 집중해서 그릇에 담아내는 수행이고요. 번뇌도 행복도 결국엔 음식에 담기는 결과일 뿐입니다.

정관은 1956년 경북 영주에서 태어났다. 1975년 사미니계, 1981년 구족계를 받았고, 대구 흥련암, 전남 영암 망월사, 강원도 삼척 신흥사 주지를 거쳐 2020년 현재 백양사 천진암 주지를 맡고 있다. 대한불교 조계종은 2014년 백양사 천진암을 사찰음식 특화 사찰로 지정했다.

—

한국불교문화사업단 사찰음식 교재 편찬위원, 풋내 사찰음식연구소 소장, 한국전통사찰음식연구회 부회장을 지낸 정관은 2017년 2월 넷플릭스 음식 전문 다큐멘터리 시리즈인 ‹셰프의 테이블›에 출연해 사찰음식을 소개하며 큰 반향을 불러일으켰다. 이후 국내외 식품 관련 컨퍼런스 등에 활발히 초청되어 한국 사찰음식의 정신을 전하고, 직접 요리한 음식으로 발우공양 체험을 진행하며 문화 전파에 힘쓰고 있다.

—

2019년 7월 경기도 수원시에 두수고방을 열어, 사찰음식 교육 장소로 운영 중이다.

정관
Jeong Kwan

"

열두 살 무렵엔 밀가루를 이리저리 치대고 반죽해서
제가 참 좋아하는 국수도 만들곤 했습니다.
가족과 동네 어른들은 그것이 신기했는지 정말 네가
만들었냐고 하며 기특해했고, 다 불어 퍼진 국수도
맛있게 드셨죠. 그 칭찬이 그렇게 기뻤습니다.
내가 한 음식이 사람들 마음을 기쁘게 하는구나,
이 사실을 깨달았던 것 같습니다.

"

그래머시 태번
Gramercy Tavern
—

1994년 6월에 시작한 뉴욕의 미쉐린
1스타 레스토랑. 뉴 아메리칸 퀴진을
선보이는 곳으로 레스토랑 전문
경영인이자 쉐이크쉑(Shake Shack)의
창립자 대니 마이어(Danny Meyer)의
레스토랑들 중 하나. 매년 뉴요커들이
가장 사랑하는 식당으로 꼽힌다.

〈노팅힐(Notting Hill)〉
—

1999년에 개봉한 영국 로맨스 코미디
영화. 줄리아 로버츠와 휴 그랜트가
주연을 맡았으며 런던 노팅 힐에서 여행
전문 서점을 운영하는 남자와 세계적인
스타인 여자의 사랑을 그렸다. 비평가와
관객 모두에게 호평을 받았다.

데이비드 장
David Chang
—

모모푸쿠(Momofuku) 레스토랑 그룹을
설립한 미국의 유명 셰프, 작가이자 TV
쇼 진행자. 넷플릭스의 오리지널 시리즈
〈어글리 딜리셔스(Ugly Delicious)〉를
통해 세계적 스타로 거듭났다. 대학에서
종교학을 공부하고 월가에서 일하다가
돌연 요식업에 종사하며 '새로운 미국식
요리'를 선보였으며, 2011년부터 2017
년까지 음식 전문 잡지인 《럭키 피치
(Lucky Peach)》를 발행했다. 2010년
《타임》에서 선정한 '세계에서 가장 영향력
있는 100인' 중 한 명으로 꼽힌 바 있다.

디터 람스
Dieter Rams
—

독일의 산업 디자이너. 독일 브라운
(Braun)의 수석 디자이너로 1950년대와
1960년대에 걸쳐 번성했던 독일 디자인
르네상스의 핵심 인물. 그는 "Less but
better"라는 말을 통해 자신의 디자인을
설명하며 절제를 디자인의 중요 요소로
여겼다.

라스무스 코포드
Rasmus Kofoed
—

코펜하겐 미쉐린 3스타 레스토랑 제라늄
(Geranium)의 셰프이자 공동 소유주.
자연의 변화와 그 아름다움을 탐구하는
셰프로 어린 시절 자연과 함께 자란
경험에서 받은 영감을 요리로 표현한다.
미식계의 올림픽 경기로 불리는 보퀴즈
도르(Bocuse d'Or)에서 2005년
동메달, 2007년 은메달, 2011년 금메달을
수상했다.

르네 레제피
René Redzepi
—

미쉐린 2스타 레스토랑 노마(Noma)의
셰프이자 공동 소유자. 뉴 노르딕 퀴진의
정수와 재탄생을 담아낸 요리를 선보이며
전 세계적으로 인정받았다. 노마는 2006
년부터 2019년까지 꾸준히 월드 베스트
레스토랑 50 순위에 오르며 명성을
유지하고 있다.

레드버리
The Ledbury
—

런던 노팅힐 레드버리(Ledbury)가에
위치한 미쉐린 2스타 레스토랑. 월드
베스트 레스토랑 50에 등재되기도 한
곳으로 호주 출신 브렛 그레이엄(Brett
Graham)이 수석 셰프를 맡고 있다.

로버트 모지스
Robert Moses
—

지금의 뉴욕과 롱아일랜드 도시 경관을
만든 1888년 태생의 도시 계획가.
대중교통보다 고속도로를 선호하는 그는
다수의 고속도로와 대교를 계획했으며
당대의 미국 건축가, 도시 계획가,
엔지니어 등에게 큰 영향을 끼쳤다. 그는
스스로를 '코디네이터'라고 불렀으며,
미디어는 그를 '마스터 빌더'라고 칭했다.

리크릿 트라반자
Rirkrit Tiravanija
—

뉴욕, 베를린, 치앙마이에서 주로
활동하는 태국 현대미술가. 전시 공간
안에서 요리, 독서, 음악 감상 등 관객이
참여할 수 있는 설치미술을 진행한다.

마이클 매조렉
Michael Mazourek
—

코넬 대학교 식물유전학 부교수이자
식물 육종가. 댄 바버와 함께 10년 동안

맛의 스펙트럼을 확장할 수 있는 새로운
농작물을 개발해왔다. 로우 7 시드에서
함께 활동하며 종자 개발에 힘쓰고 있다.

메릴 린치
Merrill Lynch
—

미국 뉴욕에 본사를 둔 투자은행. 2007년
자산 기준 미국 2위의 투자은행이었으나,
서브프라임 모기지 사태로 뱅크
오브 아메리카에 2008년 9월14일에
합병되었다.

미니바 바이 호세 안드레스
minibar by José Andrés
—

워싱턴 D.C.에 위치한 미쉐린 2스타
레스토랑. 전위적인 요리를 내세우는
곳으로 모든 감각을 자극할 수 있는
음식을 내놓는다. 도전적인 요리를
하는 레스토랑답게 손님이 셰프의 요리
모습을 자리에 앉아 지켜볼 수 있도록
설계되었다.

박효남
—

박효남 셰프는 1961년 춘천에서
태어났다. 1978년 그랜드 하얏트
서울에서 경력을 쌓고 실력을 인정받아
1983년부터 2015년 1월까지 밀레니엄
힐튼 서울의 총주방장 조리 상무로
30년 이상 근무했다. 2014년에는
고용노동부와 한국산업인력공단이
공동 선정하는 '대한민국 요리 명장'

칭호를 받았다. 현재 세종호텔 총주방장 겸 전무이자 대학교수로 후학 양성에 힘쓰고 있다. 2001년 MBC의 〈성공시대〉 150회차에서 박효남 셰프의 사연이 소개되었다.

뱅크 오브 아메리카
Bank of America
—

미국의 상업은행 및 투자은행. 민영은행으로 자산 부문에서 미국에서 두 번째로 큰 지주회사다. 메릴 린치를 인수해 '뱅크 오브 아메리카 메릴 린치'로 영업하다가 2019년 브랜드를 재정비하면서 공식 명칭을 '뱅크 오브 아메리카'로 환원했다. 현재 투자은행 부문은 'BofA 시큐리티스(BofA Securities)'로, 개인자산관리 부문은 '메릴(Merrill)'로 리브랜딩했다.

블루 힐 레스토랑
Blue Hill Restaurant
—

뉴욕 그리니치빌리지(Greenwich Village)에 위치한 레스토랑. 스톤 반스 음식농업센터에서 재료를 공급받는다. 미쉘린 1스타 레스토랑으로 2009년에 오바마 전 대통령과 부인 미셸 오바마가 다녀간 곳으로도 유명하다.

블루 힐 앳 스톤 반스
Blue Hill at Stone Barns
—

록펠러 가문의 데이비드 록펠러가 땅을 기증하고, 스톤 반스 음식농업센터가 헛간을 교육 센터로 개조하기 위해 자금을 지원했다. 레스토랑은 스톤 반스 음식농업센터 안에 있다. 10만여 평에 이르는 목초지에서 키우는 재료를 이용해 요리를 내놓는다. 반경 160킬로미터 이내에서 그날 구한 식재료로만 요리하기 때문에 메뉴판이 따로 없다. 미쉘린 2스타 레스토랑으로 요리 전문 미디어 이터(Eater)가 2016년에 선정한 미국 최고의 레스토랑이며, 월드 베스트 레스토랑 50에서 2019년 28위를 차지했다.

블루 힐 팜
Blue Hill Farm
—

스톤 반스 농업센터 안에 있는 농장. 비영리 농장인 동시에 교육 센터로 운영되고 있으며 블루 힐 앳 스톤 반스와 블루 힐에 식재료를 공급한다. 돼지, 닭 등을 방목 사육하며 온실, 목초지, 숲, 저장고 등으로 구성되어 있다.

«BBC 사이언스 포커스(Science Focus)»
—

과학, 기술 분야의 영국 월간지. 영국에서 가장 잘 팔리는 잡지 중 하나로 한국에서는 «BBC 사이언스»라는 이름으로 번역본이 나오고 있다.

《뿌리깊은 나무》
—
고(故) 한창기 발행인이 1976년 3월에
창간한 잡지. 1970년대 중후반 한국을
대표하는 문화 교양지이자, 최초로
한글 전용으로 제작된 상업 잡지다.
정기구독자가 6만 5000명에 달할 만큼
주목을 받았지만 1980년 전두환 정권에
의해 계급의식과 사회불안을 조성한다는
이유로 폐간되었다.

소피 빌레 브라헤
Sophie Bille Brahe
—
덴마크의 주얼리 디자이너이자 동명의
브랜드. 천문학에 대한 관심을 바탕으로
주얼리를 디자인하며 진주, 금, 은 등 몇
가지 재료만으로 단순하게 구성한다.
천연석과 금이 반사되는 모습에서 영감을
얻으며 현대의 럭셔리 개념을 타파하는
것을 지향한다.

CIA
The Culinary Institute of America
—
미국의 요리 명문 학교. 독립적으로
운영하는 비영리 전문대학으로 세계 최고
수준의 전문 요리 수업과 기술 교육을
제공한다. 본교는 뉴욕주 하이드파크에
위치하며 그 외에 미국과 싱가포르에 세
개의 분교가 있다.

아르페주
L'Arpège
—
파리에 있는 미쉐린 3스타 레스토랑.
알랭 파사르(Alain Passard)가
운영하는 곳으로 채식 요리, 생과일 및
말린 과일로 속을 채운 토마토, 아니스
(씨앗이 향미료로 쓰이는 미나리과 식물)
아이스크림 등 독특한 후식을 낸다.

아부레이수나
—
'서두르지도 게으르지도 않게'라는 뜻이
담긴 경북 예천의 모내기 민요. 하미현의
입말 음식 팀 이름이기도 하다.

아스게르 요른
Asger Jorn
—
덴마크의 화가. 아방가르드 그룹 코브라
(COBRA) 등을 이끌며 20세기 중반
사회참여적 예술운동을 주도했던 대표
작가. 두 차례의 세계대전과 20세기를
거치면서도 끊임없는 실험 정신을
실천하며 서유럽 중심의 미술에서 벗어난
대안적 시각을 제안했다.

아쿠아빗
Aquavit
—
뉴욕의 미쉐린 2스타 레스토랑.
스톡홀름의 레스토랑을 콘셉트로 삼아
시작했으며, 제철 식재료를 사용한 노르딕
퀴진을 내놓고 있다.

아테라
Atera
—
뉴욕의 미쉐린 2스타 레스토랑. 제철
재료에 따른 메뉴를 선보인다. 자연의
섭리를 핵심 가치로 삼아 요리하며 손님의
오감을 일깨우는 것이 목표다.

아토보이
Atoboy
—
맨해튼의 노마드(NoMad) 지역에 위치한
퓨전 한식 레스토랑. 아토보이는 미쉐린
2스타 한식 레스토랑 정식(Jungsik)의
셰프로 일했던 박정현과 미쉐린 2스타
일식당 카지츠(Kajitsu)를 거친 후
매니저로 일하고 있는 엘리아 박(Ellia
Park)이 공동 운영하는 음식점이다. 한국
가정식에서 받은 영감을 바탕으로 메뉴를
구성하며 일인당 세 가지 반찬을 골라
서로 나눠먹는 형식을 추구한다.

아토믹스
Atomix
—
아토보이의 뒤를 이은 한식 전문 파인
다이닝 레스토랑. 아토보이를 연 지
약 2년 만인 2018년에 오픈했고 2019
년에 미쉐린 1스타, 2020년에는 미쉐린
2스타를 받았다. 편안한 분위기에서
한국 가정식을 체험할 수 있는 곳이
아토보이라면 아토믹스는 박정현
셰프만의 방식으로 재해석한 10가지
코스의 한식을 맛볼 수 있는 곳이다. 현지
식재료를 이용해 계절별로 달라지는

셰프의 창작 메뉴를 접할 수 있다.
손님에게 따로 제공되는 메뉴판은 없다.
2018년 «뉴욕타임스»가 선정한 '2018
년에 오픈한 최고의 레스토랑' 중 1위를
차지하는 등 현지 미디어의 꾸준한 관심을
받고 있다.

아틀리에 셉템버
Atelier September
—
코펜하겐에 위치한 브런치 레스토랑.
아침과 점심을 제공하며 채식주의 식단을
기반으로 한다. «뉴욕타임스», «더블유
매거진(W Magazine)», 미스터 포터
(Mr.Porter) 등에 소개되었다.

아폴로 바 앤드 칸틴
Apollo Bar & Kantine
—
아틀리에 셉템버의 셰프 프레데리크
빌레 브라헤의 또 다른 레스토랑. 바와
칸틴으로 나뉘어 운영된다. 아폴로 바는
아침부터 늦은 저녁까지 술과 음식을
제공한다. 아폴로 칸틴은 오후 12시부터
2시까지만 문을 열며 학생들을 위한
한 가지 요리를 제공한다.

얀 보
Dahn Vo
—
덴마크의 베트남계 미술가. 베트남 전쟁
후 네 살 때 덴마크로 이주해 자신의
정체성과 문화유산과 관련된 개념미술을
다루며, 2013년과 2015년 베니스

비엔날레에 참가했다. 현재 그의 작품들은
뉴욕 구겐하임 미술관, 바젤의 쿤스트
미술관 등에서 볼 수 있다.

에르빈 라우터바흐
Erwin Lauterbach

—

덴마크 셰프. 현재는 1954년에 문을
연 코펜하겐 레스토랑 룸스케부그텐
(Lumskebugten)의 셰프이자 소유주다.
그는 계절 채소를 중심으로 한 요리를
내놓는다. 음식은 원재료의 맛과 그것이
담고 있는 특징이 분명히 드러나야 한다는
신념을 갖고 있으며 덴마크 미식의 기준을
한층 높이 끌어올린 셰프 중 한 명으로
평가받는다.

엔초 마리
Enzo Mari

—

이탈리아의 현대 미술가, 가구 디자이너,
디자인 이론가 및 사상가. '디자인의 목적',
'미학적 만족감', '디자인의 유용성과
정당성'을 주장해왔으며, 독창적이고
윤리적인 업적으로 이탈리아 최고
디자인상인 황금 컴퍼스 상(Compasso
d'Oro)을 여러 번 수상했다. 가장
인간적인 디자인이 무엇인지, 어떤
방식으로 만들어야 하는지에 대한
끊임없는 고민으로 디자인계의 철학자라
불린다.

엘 세예 데 칸 로카
El Celler de Can Roca

—

바르셀로나 주와 접하고 있는 소도시
헤로나(Girona)에 위치한 미쉐린
3스타 레스토랑. 부모가 운영하던
레스토랑을 이어받은 삼형제 셰프 호안
(Joan), 파티시에 호르디(Jordi),
소믈리에 호셉(Josep)이 이끄는 곳으로
헤로나 지역 고유의 레시피에 삼형제의
창의적이며 과학적인 조리법을 더한
메뉴를 선보인다. 2013년, 2015년에
월드 베스트 레스토랑 50에서 1위를
차지했다. 여느 레스토랑과 달리 요리,
와인, 디저트가 동등한 위상을 가지고
있다는 것이 특징.

여성기업가네트워크

—

정식 명칭은 여성기업가네트워크 '내일'.
'Women Entrepreneurs Network'를
줄여 '위넷'으로 불린다. 다음세대재단
대표를 지낸 문효은 아트벤처스 대표와
청소년에게 창업가 정신을 교육하는
오이씨(OEC) 장영화 대표, 벤처 기부
펀드 씨프로그램(C Program)의 엄윤미
대표가 주축이 되어 만들어졌다. 2014년
1월 첫 모임을 시작으로 매달 모인다.

월드 베스트 레스토랑 50
The World's 50 Best Restaurants

—

영국 요리 잡지 «레스토랑
(Restaurant)»에서 시작한 레스토랑
평가지로 현재는 영국 미디어 회사

윌리엄 리드 비즈니스 컴퍼니(William Reed Business Company)에서 순위를 발표하고 있다. 셰프, 레스토랑 경영자, 미식가, 비평가 등이 평가한다.

이사무 노구치
Isamu Noguchi
—

일본계 미국인 미술가. 조각, 회화, 조경, 무대, 인테리어 디자인 등 다양한 분야에서 활약한 예술가이자 20세기의 가장 중요한 조각가 중 한 명이다. 1940년대 혁신적인 산업, 인테리어 디자인으로 유명세를 얻었다.

«입말한식»
—

음식연구가 하미현이 만들어낸 단어이자 직접 집필한 책. 입말은 구두어를 뜻하는 것으로 글에서만 쓰는 특별한 말이 아닌 일상적인 대화에서 쓰는 말을 지칭한다. 이와 관련해 입에서 입으로 전해지는 농부와 토박이의 음식을 두고 '입말한식', '입말 음식'이라는 표현을 만들었다.

«제3의 식탁(The Third Plate)»
—

댄 바버가 출간한 책. '제3의 식탁'이란 대량생산 식품으로 구성된 '제1의 식탁'과 로컬, 유기농 식품으로 차려진 '제2의 식탁'을 뛰어넘는 개념으로 건강한 토양에서 재배된 식재료로 차린 식탁을 의미한다. 책 속에서 댄 바버는 생태계를 훼손시키지 않는 농장을 만들어야 가장 이상적인 식재료를 얻을 수 있다고 설명한다.

커틀러 앤드 코
Cutler & Co.
—

호주 멜버른에 있는 투 햇(hat) 레스토랑. 햇은 호주의 «미쉐린 가이드»에 비견되며, 미쉐린 별점과 유사하게 '햇'이 삼단계로 부여된다.

코르통
Corton
—

현재는 영업하지 않는 뉴욕의 미쉐린 2스타 레스토랑. 부르고뉴의 포도 생산지 이름을 따온 곳으로 전통적인 프랑스 퀴진에 현대적 기법을 더한 음식을 선보였다. «뉴욕타임스» 평가에서 별 세 개를 받았지만 폴 리브란트 셰프가 이곳을 떠나며 2013년 6월에 문을 닫았다.

코트 오브 마스터 소믈리에
The Court of Master Sommeliers, CMS
—

소믈리에 자격을 심사하는 세계 최고 인증 기관으로 1977년에 호텔과 레스토랑 음료 서비스의 품질 기준 장려를 위해 세워졌다. CMS 프로그램과 시험은 제품 및 시음 능력 외에도 서비스 기술, 생산자, 빈티지 등급 분별 등의 지식에 중점을 둔다. 입문 과정인 1단계부터 마스터로 인정하는 4단계까지 있으며 유럽,

오세아니아, 아시아, 아메리카 전역에서 정기적으로 시행된다.

콩 한스 켈터
Kong Hans Kælder
—

코펜하겐의 미쉐린 3스타 레스토랑. 코펜하겐 시내에서 가장 오래된 건물 중 한 곳에 위치한 식당으로 1976년에 문을 열었다. 현대 북유럽 스타일이 가미된 정통 프랑스 음식을 선보이는 곳.

쿤스탈 샤를로텐보르
Kunsthal Charlottenborg
—

코펜하겐의 현대 미술관이자 덴마크 왕립 미술 아카데미(Royal Danish Academy of Art)의 공식 전시관. 누구나 작품을 제출할 수 있는 봄의 공개 전시회와 초대받아야만 전시할 수 있는 가을 전시회로 유명하다.

파리 바
Paris Bar
—

데이미언 허스트(Damien Hirst), 데이비드 보위(David Bowie), 이브 생 로랑(Yves Saint Laurent)과 같은 예술인이 모여든 베를린의 바. 1962 년에 처음 문을 연 곳으로, 예술가들이 기부한 작품으로 넘쳐나는 역사적 장소이다. 캐주얼한 음식을 파는 브라세리(brasserie)에서 볼 수 있는 메뉴를 접할 수 있으며, 배우, 정치인 등

유명인들에게 오랫동안 사랑받고 있다.

퍼 세
Per Se
—

미국인 최초로 미쉐린 3스타를 받은 토머스 켈러(Thomas Keller)가 론칭한 곳으로 맨해튼 센트럴 파크 옆에 있다. 모던 아메리칸 스타일의 요리와 프랑스 음식을 선보인다.

포스
FOS
—

덴마크 예술가 토마스 폴센(Thomas Poulsen)의 예명. 그는 사회적 소통을 통해 물리적 공간이 어떤 의미를 갖는지 탐구하며 흔치 않은 공간을 창조해낸다. 2013년부터 패션 브랜드 셀린느(Celine)와 협업해 가구와 공간을 디자인하고 있다.

폴 리브란트
Paul Liberandt
—

짐바브웨 태생의 영국인으로 현대 프랑스 요리 전문 셰프이자 식당 경영인. 뉴욕 코르통 레스토랑의 공동 운영자였으며 창의적이고 대담한 요리 스타일로 주목받았다. 코르통을 오픈하기 전 뉴욕의 유명 레스토랑인 아틀라스(Atlas), 파피용(Papillon), 길트(Gilt) 등에서 경력을 쌓았으며 2011년에는 ‹A Matter of Taste›라는 요리 다큐멘터리에

주연으로 출연했다.

폴 쾨르홀름
Poul Kjærholm
—

덴마크의 가구 디자이너. 다양한 건설
자재에 관심을 보인 그는 특히 철과
원목에 대한 애정이 컸다. 1년 동안
덴마크 가구 브랜드 프리츠 한센(Fritz
Hansen)에 고용되어 다양한 의자를
디자인했으며 디자이너의 개성보다
재료의 특성을 제대로 표현하는 것을
중요하게 여겼다.

퐁피두 센터
Le Centre Pompidu
—

1971년에서 1977년에 걸쳐 세워진 파리의
복합 문화시설. 당시 프랑스 대통령이었던
조르주 퐁피두의 이름을 딴 시설로 공공
도서관, 국립근대미술관, 음향연구소,
영화관, 극장, 서점, 레스토랑 등으로
구성되어 있다.

〈푸드 주식회사(Food, Inc.)〉
—

로버트 케너(Robert Kenner) 감독의
2008년 다큐멘터리 영화로 미국의
기업식 농업을 다뤘다. 생태계에 악영향을
끼치며 동물과 직원을 학대하는 기업이
건강하지 않은 음식을 생산하는 모습을
보여준다. 공장제 사육과 끝없이 이윤을
추구하는 식품산업의 어두운 면을
드러내는 논픽션 다큐멘터리.

〈풀 메탈 재킷(Full Metal Jacket)〉
—

스탠리 큐브릭(Stanley Kubrick) 감독의
1987년 개봉작. 베트남 전쟁 당시 미국
해병대의 한 소대에서 벌어지는 가혹한
훈련과 전투에 참여한 대원의 이야기를
다루고 있으며, 당시 전쟁에 참전한
구스타브 하스포드(Gustav Hasford)의
자전 소설 «쇼트 타이머스(The Short-
Timers)»를 원작으로 한다. '풀 메탈
재킷'은 병사들이 사용하는 전피갑탄을
의미한다.

프렌치 컬리너리 인스티튜트
French Culinary Institute
—

뉴욕 맨해튼 소호에 본사를 둔 사립
요리학교. 시작은 프랑스 요리
연구소로 설립되었지만 현재는
ICC(International Culinary Center,
국제요리센터)로 불리며 요리 전반에
대한 교육을 실시한다. 이곳을 졸업한
유명 셰프로 댄 바버, 데이비드 장, 보비
플레이 등이 있다.

피에르 가니에르
Pierre Gagnaire
—

퓨전 요리의 선두주자이자 수많은 유명
셰프가 존경하는 프렌치 그랑 셰프.
파리 태생의 피에르 가니에르는 15세에
요리를 시작한 이래로 지금까지도 프랑스
요리사 중 가장 창의적인 인물로 꼽힌다.
서울, 런던, 파리, 도쿄, 두바이 등 세계
곳곳에서 자신의 이름을 내건 프렌치